Angela Schöne

He, Kinder! Ich bin's, der Kasper!

Impressum

2. Auflage: Juni 2012
© „Telescope" Verlag • www.telescope-verlag.de

Illustrationen: Nora Ballerstädt
Layoutgestaltung: Dajana Mehner

ISBN: 978-3-941139-70-1

Preis: 14,00 EURO

Angela Schöne

He, Kinder! Ich bin's, der Kasper!

Inhaltsverzeichnis

Gretel hat Geburtstag — 9

Die dumme Maus — 11

Faschingsgeschichte — 13

Das hinterlistige Kätzchen — 16

Das Wundertöpfchen — 18

Die Geschichte vom König, der die große Langeweile hatte — 20

Hilfe für den Osterhasen — 23

Im Zoo ist was los — 26

Der Zoo ist krank — 29

Mäuschen hat Geburtstag — 33

Der hilfsbereite Kasper (Nikolausgeschichte) — 36

Der faule Seppl (Puppenspiel für Schulkinder) — 39

Wer ist der klügste Kasper? (für Schulkinder) — 43

Der habgierige Teufel (eine Weihnachtsgeschichte) — 46

Der verzauberte Räuber — 49

Pilze suchen mit Herrn Fuchs — 52

Vom klugen Seppl, der alles wissen wollte — 56

Vom König, der seinen Wald retten wollte — 59

Die Mäusefreundschaft — 65

Die Hexe, die keine mehr sein wollte — 69

Bastelbogen I — 75

Bastelbogen II — 77

Die Autorin — 79

Hallo, Kinder!
Liebe Puppentheaterfreunde!

Ist das nicht traurig? Lust auf Puppentheater habt ihr öfter mal, ja, und Lust darauf, selbst zu spielen. Aber da fehlen die Idee und die Vorlage, ach! Da fehlen die Puppen – und dann müsste man ja noch eine Kulisse, eine Bühne haben, sie entwerfen, bauen, basteln ... oh je! Kommt, lasst euch mal anstecken von den 20 Theaterstücken, die so geschrieben sind, dass ihr sie mühelos nachspielen könnt! Gebt eurer Fantasie bloß einen kleinen Stups und wer spielen will, der merkt ganz schnell: Das geht besser und schneller als gedacht.

Ihr habt keine Handpuppen?

Müsst ihr auch nicht unbedingt. Im Buch sind Vorlagen für hübsche Fingerpuppen, die ihr farblich nach euren Wünschen gestalten könnt. So habt ihr nach dem Ausschneiden und Zusammenkleben des „Fußstreifens" ganz fix eure Hauptfiguren einsatzbereit zur Hand.

Und jetzt kramt ihr einfach noch ein Stückchen Kreativität hervor, die in jedem von euch irgendwo schlummert, wenn es um das „Wo wird gespielt?" geht.

Ob ihr einen Schuhkarton herrichtet als Minibühne für Fingerpuppen oder eine Decke über die Leine hängt draußen auf der Wiese oder ob ihr in einer riesigen Pappkiste hockt, das ist ganz euch überlassen.

Übrigens: Ihr müsst euch auch nicht stur an die Vorlage halten. Gefällt euch zum Beispiel ein Stück mit Tieren, die ihr gerade nicht habt, dann ersetzt ihr sie durch andere und ändert den Inhalt.

Diese Stücke könnt ihr mit Fingerpuppen, Handpuppen, Stabpuppen, wer hat, natürlich Marionetten und selbstverständlich auch „mit richtigen Menschen" spielen. Das ist eine ebenso reizvolle Angelegenheit wie mit den Puppen. Ihr verkleidet euch einfach als Hexe, Katze oder König – und braucht dann logischerweise eine etwas größere Bühne als einen Schuhkarton.

Kommt, schaut mal rein! Fangt mal an! Wählt euch ein Theaterstück aus und überrascht eure Gruppe, eure Geburtstagsgäste oder Freunde mit etwas ganz Besonderem!

Wenn mir das Spielen Freude macht, dann macht es euch erst recht Spaß, denn damit tut ihr nicht nur euch, sondern auch den Zuschauern und Zuhörern was richtig Gutes.

Ganz viel Spaß wünscht euch

eure Angela Schöne

Gretel hat Geburtstag

Puppen und Requisiten:

Kasper, Gretel, Katze, Großmutter, Igel, Jäger, Hexe, Dose mit „Smarties", Blumenstrauß, Hut

Handlung:

Gretel: *gähnt*
Ach, heut ist mein Geburtstag! Kämme mich noch schnell schön. Guckt mal, ich habe mir heute extra mein schönstes Kleid angezogen! *geht*

Großmutter: *bringt die Smarties-Dose mit*
Die isst sie so gern. Ich stelle sie hier hin, da sieht sie sie gleich. Jetzt koche ich Kakao!

Katze: *mauzt, sieht die Dose, schleicht herum*
Ob ich mir eins nehme? Das merkt keiner! Ach, ich nehme die ganze Dose mit und verstecke sie! *schleppt sie weg*

Jäger:
Ich will unserer lieben Gretel zum Geburtstag gratulieren, dazu muss ich mir aber noch meinen guten Hut holen. Wie der alte aussieht! *geht*

Igel:
Oh, ich habe gar keine Blumen! Werde noch einen Strauß pflücken. *geht – kommt mit Blumenstrauß wieder über die Bühne*

Großmutter:
Wo ist die Dose?

-> *Kinder rufen Hexe*

Hexe: He, wer stört mich schon so früh am Morgen? Was? Los, ruft mal die Katze!

Katze: *kommt*

Hexe: Hast du die Dose genommen?

Katze: Nein.

Hexe: Was? Du schwindelst? Da muss ich mir einen Zauberspruch ausdenken. *überlegt*

Hokus, Pokus, Fidibus – dreimal schwarzer Kater!
Kleine schwarze Katze fein,
du sollst wieder artig sein!
Eins und zwei und drei,
bring die Dose schnell herbei!

Katze: *geht und bringt die Dose*

Hexe: Hurra, das haben wir geschafft! *verabschiedet sich*

Kasper: *beendet*

Die dumme Maus

Puppen und Requisiten:

Kasper, Maus, Elefant, Affe, Kuh, Schüssel mit Gras

Handlung:

Maus: Piep. Es ist so langweilig! Immer bloß piepsen! Ich möchte mal was anderes machen können, zum Beispiel wie der Esel „IAH" schreien oder wie ein Hund bellen oder wie eine Seerobbe schwimmen. Das wäre mal was echt Starkes!
Ich gehe mal zum Affen. Der kann wunderbar von Baum zu Baum und von Ast zu Ast springen. Affe, lernst du mir das auch?

Affe: lacht
Was hast du dir denn da vorgestellt? Nein! Hast du etwa so lange Arme wie ich? Ich wohne doch auch nicht im Mauseloch.

Maus: Och, das ist aber schade. Ich hatte mir das so schön vorgestellt. Dann gehe ich eben zum Elefanten. Der kann ganz laut stampfen mit seinen dicken Füßen und sich mit Wasser bespritzen. Das muss er mir beibringen!

Elefant: liegt und ruht sich aus

Maus: Ach, lieber großer Elefant! Bringst du mir das laute Stampfen und das Bespritzen bei?

Elefant: lacht laut
Was hast du dir denn da vorgestellt? Nein! Hast du denn so dicke hohe Beine wie ich?

Maus: Nein.

Elefant: Na also. Und hast du denn so einen langen Rüssel wie ich?

Maus: Nein.

Elefant: Na, siehst du, du kleine schwache Maus!

Maus: Ich bin stark! Ich kann sogar dich hochheben! *probiert es, schafft es nicht*

Elefant: So, nun sei vernünftig! Eine Maus piepst und wohnt im Mauseloch.

Maus: Och, das ist aber schade! Ich hatte mir das so schön vorgestellt. Ich werde es mal bei der Kuh versuchen. Die kann zaubern! Bei der kommt Milch raus. Ich frage mich, ob sie mir das lernen kann.

Kuh: *schläft*

Maus: *weckt die Kuh*
Ach, liebe Kuh! Ich möchte mal was anderes können als piepsen – und weil du doch zaubern kannst, habe ich gedacht, du könntest mir beibringen, wie bei mir auch Milch rauskommt.

Kuh: So einen Wunsch hat noch niemand gehabt. Auf alle Fälle muss man viel Gras essen, wenn es klappen soll.

Maus: *schnuppert am Gras*
Iiiiieeeh, ist das eklig! Nein, das muss schon ein schöner Käse mit Löchern sein! Mit Gras klappt das bei mir auf keinen Fall.

Kuh: Muh! Ich muss wieder auf die Wiese, sonst klappt es bei mir heute Abend mit der Milch auch nicht mehr. Und außerdem – hast du überhaupt ein Euter?

Maus: Nein.

Kuh: Na also, dann geht's sowieso nicht. *geht*

Maus: Ach, ist das traurig. Keiner wollte mir was beibringen. Jetzt husche ich erst mal in mein Mauseloch und denke nach. *geht*

Kasper: Na, Kinder? Das war eine Maus, was? Kommt, wir sagen der Maus noch mal, warum sie das alles nicht lernen kann.

Sie kann nicht stampfen, weil sie …
Sie kann nicht spritzen, weil sie …
Sie kann nicht von Ast zu Ast springen, weil sie …
Sie kann keine Milch geben, weil sie …

Sehr schön, Kinder! Ihr kennt euch aus. Und wenn es euch gefallen hat, dann kommt doch einmal wieder!

Faschingsgeschichte

Puppen und Requisiten:

Kasper, Gretel, Großmutter, Seppl, Ente, Faschingssachen (einen Hut, einen Säbel, eine Augenklappe, eventuell andere Sachen, rotes Kopftuch, Korb mit Inhalt, eventuell Schürze), Sachen für die Oma oder Handpuppe „Hexe", 1 Schüssel mit Pfannkuchen, Scheibe Brot

Handlung:

Kasper: *begrüßt*
Wie seht ihr denn alle aus? Bin heut bei Gretel zum Fasching eingeladen. Da ist heute Morgen was passiert!

Gretel: Ihr seid aber schick! Als was geht ihr?

Kasper: *geht in eine Ecke und flüstert*
Also, das erzähle ich euch später. *huscht weg*

Gretel: Hm, ich habe noch kein Kostüm. Als was könnte ich gehen, Kinder?

-> *Zurufe der Kinder*

Ja, als Rotkäppchen! Das gefällt mir am besten. Hoffentlich habe ich dafür ein Kostüm! Gleich mal nachschauen! *geht*

Seppl: Oho, ich habe mir was Tolles ausgedacht. Wollen wir mal zaubern? Ich sage mit euch einen Zauberspruch auf und in zwei Minuten steht ein Räuber vor euch.

Hokus, Pokus, Fidibus – dreimal schwarzer Kater!
In zwei Minuten wird aus mir
ein Räuber – und der steht hier! *verschwindet schnell*

-> *Seppl müsste umgezogen oder gegen „Räuber" ausgetauscht werden.*

Oma: Ich wollte auch mal lustig aussehen. Als was könnte sich denn eine Oma verkleiden? *ruft Gretel*
Wir wollen dann schön feiern, Gretel. Bitte hilf mir, die Pfannkuchenschüssel auf den Tisch zu stellen. Ich werde mich als Hexe verkleiden, bin gleich wieder da! *geht*

-> *Oma müsste umgezogen oder gegen „Hexe" ausgetauscht werden.*

Ente: Nag, nag! Ich möchte auch mal was Gutes essen. *schnuppert an der Schüssel, schleppt die ganze Schüssel weg*

Oma: *kommt als Hexe*
Omas haben eben doch noch Ideen. So, wo ist denn jetzt die Pfannkuchenschüssel hin? Hat etwa Gretel genascht? *ruft Gretel*

Gretel: *kommt als Rotkäppchen*
Das liebe Rotkäppchen ist zur Stelle, das seine Oma so lieb hat! Oh, eine Hexe! Wie kommt die denn hierher?

Oma: *als Hexe*
Ich bin doch die Oma! Hast du die ganze Schüssel Pfannkuchen genascht?

Gretel: *als Rotkäppchen*
Aber nein, liebe Hexe! Tut denn so was das Rotkäppchen? Aber ich gehe sie suchen, vielleicht finde ich sie. *geht*

Oma: *als Hexe*
Oder der Seppl war das Schleckermäulchen? *ruft Seppl*

Seppl: *als Räuber, kommt angeflitzt*
Hier kommt der starke Räuber „Sausefix", der sich vor niemandem fürchtet und immer für Gerechtigkeit kämpft! *fuchtelt mit seinem Säbel – tut auf einmal ganz ängstlich und will sich verstecken*
Oh, eine Hexe! Wie gruselig! Ob das eine böse oder eine gute Hexe ist?

Oma: *als Hexe*
Räuber, hast du die ganze Pfannkuchenschüssel leer gefuttert? Sag die Wahrheit, sonst verwandle ich dich in eine Maus!

Seppl: *als Räuber, schüttelt bloß leise den Kopf*

Oma: *als Hexe*
Jetzt wird es interessant! Wer bleibt denn nun noch übrig? Die Ente? Na, die hätte ich ja bald vergessen. *ruft Ente*

Seppl: *als Räuber*
Also, ich verstecke mich jetzt doch lieber! *saust weg*

Ente: *kommt angewackelt*

Oma: *als Hexe*
Nun bist du an der Reihe! Hast du die Pfannkuchenschüssel leer gegessen?

Ente: *druckst herum*
Nein, das war ich nicht.

Oma: *als Hexe*
Überleg genau! Sonst mache ich aus dir eine Mini-Ente!

Ente: *fängt an zu jammern*
Ich wollte auch mal was Schönes essen, deshalb habe ich zwei gefuttert.

Oma: *als Hexe*
Und wo ist dann der Rest?

Ente: Ich hole die Schüssel. *holt die Schüssel*

Oma: *als Hexe*
Dein Glück! Hier hast du eine Scheibe Brot, das ist das Richtige für dich! *holt eine Scheibe Brot und gibt sie der Ente*

Ente: *bedankt sich und geht*

Gretel: *als Rotkäppchen*
Ach, da ist ja die Pfannkuchenschüssel! Kannst du auch einen schönen Krug Kakao herbeihexen?

Oma: *als Hexe*
Nichts leichter als das! Er erscheint sofort.
flüstert zu den Kindern: Mit dem Zaubern muss ich noch ein bisschen üben. *geht*

Seppl: *als Räuber*
Na, Rotkäppchen? Soll ich dich vor der Hexe beschützen?

Gretel: *als Rotkäppchen, lacht*
Das brauchst du nicht, die ist ganz lieb. Sie zaubert uns jetzt einen Krug Kakao und dann beginnt die Faschingsfete. Komm, wir schauen beim Zaubern zu! *geht zusammen mit dem Räuber*

Kasper: Alle haben ein Kostüm, bloß ich nicht. Ob ich mich als Kasper verkleide? Na, mir wird schon noch was einfallen ... *verabschiedet sich*

Das hinterlistige Kätzchen

Puppen und Requisiten:

Kasper, Gretel, Katze, Großmutter, Igel, Buch, Bettchen oder Kissen, Topf mit Quirl, Schüssel mit „Smarties", Körbchen und 1 Apfel

Handlung:

Katze: liegt auf dem Kissen oder Bettchen
Mir ist langweilig! Weiß nicht, was ich machen soll. Kinder, wisst ihr nicht, was ich machen könnte?

Großmutter: streichelt Katze

Katze: Spielst du mit mir?

Großmutter: Oh, das wird nicht gehen. Ich habe noch so viel Arbeit, der Brei muss gerührt werden und einen Kuchen will ich auch noch backen. *geht*

Katze: mauzt gelangweilt
Gehe ich eben in den Garten. Ach, da ist der Igel. Den werde ich fragen. Igel, spielst du mit mir?

Igel: Nein, das wird nicht gehen. Ich dachte, du kommst zu mir, weil du mir helfen möchtest, die Äpfel in meinen Korb zu tragen. Aber wenn ich das alles alleine mache, dauert es natürlich länger. *packt wieder einen Apfel an und legt ihn in den Korb*

Katze: mauzt gelangweilt und geht
Ach, da sitzt ja die Gretel, die hat bestimmt Zeit für mich. Gretel, spielst du mit mir?

Gretel: Oh, das wird jetzt nicht gehen. Ich habe mir gerade dieses schöne Buch aus der Bücherei geholt. Das möchte ich mir sofort ansehen. Du kannst es dir doch mit anschauen.

Katze: mauzt gelangweilt und geht, legt sich wieder auf ihr Bettchen oder Kissen
Keiner hat Zeit zum Spielen! Oh – Miau! – da fällt mir was ein! Au, au! Miau! Mein Bauch tut weh! Oh, tut der weh!

Großmutter: Was ist los? Das klingt ja gar nicht gut. Komm, ich streichle dich ein bisschen. So, ich komme dann gleich wieder, rühre bloß wieder um. *geht*

Gretel: Nanu? Geht es unserem Kätzchen nicht gut? Komm, ich lese dir eine Geschichte vor, dann wird's gleich besser. Dazu hole ich ein schönes Buch aus dem Regal. *geht*

Igel: Wer klagt hier so laut? Oh, die Katze. Komm, ich spiele mit dir Apfelrollen, dann wird's gleich besser. *rollen Apfel hin und her und springen herum, Apfel rollt weg*
Warte, Kätzchen! Ich hole ihn! *geht*

Katze: Hm, herrlich! Auf einmal haben alle Zeit für mich. War ein guter Trick. Den merke ich mir gleich fürs nächste Mal. Ach, ist das schön, wenn sich alle mit mir beschäftigen!

Gretel: Nanu, was habe ich jetzt gerade gesehen? Unsere Katze springt herum! So schnell sind die Bauchschmerzen vorbei?

Katze: *zieht den Schwanz ein und schleicht auf ihr Kissen*

Igel: Och, das ist nicht nett von dir, Mieze! *geht*

Gretel: Nein, das ist nicht nett von dir, Mieze. Ich schaue mir alleine weiter mein Buch an.

Großmutter: Wo ist die Miez?

Gretel: Ihre Bauchschmerzen sind schon vorbei.

Großmutter: Na, ich habe schon so was geahnt. Das ist nicht nett von dir, Mieze! Jetzt aber schnell in die Küche, sonst brennt der Kuchen an. *geht*

Kasper: Na, Kinder? Habt ihr schon mal so eine Katze erlebt? Also ich nicht. Na, ich glaube fast, das macht sie nicht noch einmal. *beendet*

Das Wundertöpfchen

Puppen und Requisiten:

Kasper, Mädchen, Mutter, Großmutter, Bär, Hase, Igel Korb, Scheibe Brot, Topf

Handlung:

Mädchen: traurig
Wir sind so arm. Ich habe nur ein Kleid zum Anziehen!

Mutter: Wir haben nichts mehr zu essen. Hier ist ein Körbchen. Geh in den Wald und sammle ein paar Beeren und Pilze für heute Abend. *gibt dem Mädchen eine Scheibe Brot mit*

Mädchen: nimmt den Korb und geht

Bär: bittet um etwas zu essen

Mädchen: gibt ein Stück Brot ab und geht weiter

Hase: Oh weh! Ich habe nichts mehr zu knabbern!

Mädchen: gibt wieder ein Stück Brot ab und geht weiter

Igel: bekommt das letzte Stück Brot

Mädchen: will weitersammeln

Großmutter: lobt das Mädchen, schenkt ihm das „Töpfchen mit den Zauberworten"

Mädchen: geht nach Hause, zeigt den Topf, probiert ihn aus
Kann ich noch ein bisschen spielen gehen?

Mutter: Ja.

Mädchen: geht

Mutter: hat wieder Hunger, sagt die Zauberworte, isst sich satt, doch weiß nicht, wie der Topf aufhört

Oh weh! Das ganze Hause läuft voll Brei!

Mädchen: *sagt schnell die Worte*
Liebes Töpfchen, stehe still!

Kasper: *beendet*

Die Geschichte vom König, der die große Langeweile hatte

Puppen und Requisiten:

Kasper, König, Prinzessin, Soldat, Frosch, Köchin (Oma), Zepter, Königsstuhl, 1 bis 2 Märchenbücher, Würfel, silberne Kugel, Kuchen

Handlung:

Kasper: begrüßt
Ist das wieder ein schöner Tag heute! Ich möchte am liebsten alles auf einmal machen: Bücher lesen, Fußball spielen, Purzelbäume schlagen!
Doch da gibt es einen König, man kann es nicht glauben, der hat die große Langeweile. Langeweile? Was ist das? Wisst ihr das? Kennt ihr das? Habt ihr so was? Ein König, der hat doch alles, dem kann doch gar nicht langweilig sein ...

-> *aus dem Hintergrund ruft es:* Ach, diese Langeweile! Ach, diese Langeweile!

Kasper: Ja, ja, so geht das nun schon 41 Wochen! *geht schauen, was der König macht*

König: hockt auf dem Thronsessel
Ach, diese große Langeweile! Nichts und niemand kann mich davon erlösen!

Kasper: Oh, da weiß ich ein Mittel. Ich erzähle dir das Märchen vom Dornröschen. Also: Es waren einmal ein König und eine Königin, die sprachen jeden Tag: Ach, wenn wir doch ein Kind hätten! Doch sie bekamen immer keines ...

König: Nein, nein! Das ist langweilig! Schluss! Aus! Aufhören! *dreht sich um*

Kasper: Was hören meine Ohren? Märchen sollen langweilig sein? So ein Unsinn! Das hab ich ja noch nie gehört! Ihr vielleicht, Kinder?

König: Einem König wird nicht widersprochen! Hinaus!

Kasper: geht

Prinzessin: Papa König! Papa König! Ich hab ein Mittel gegen deine Langeweile! *holt ein Märchenbuch* Ich lese dir ein Märchen vor!

König: Nein, nicht schon wieder ein Märchen!

Prinzessin: Aber ich habe ein ganz Herrliches: Es waren einmal ein König und eine Königin, die sprachen jeden Tag: Ach, wenn wir doch ein Kind hätten! Doch sie bekamen immer keines.

König: Halt! Halt! Aufhören! Himmel Donnerwetter! Das ist furchtbar langweilig! *geht hin und her, wirft das Buch weg*

Prinzessin: Papa König, dann schicke ich dir den Soldaten. Der wird dich aufmuntern. *ruft den Soldaten und geht*

Soldat: *verbeugt sich*
Der Herr König hat gerufen?

König: Ja. Kannst du etwas gegen meine große Langeweile tun?

Soldat: Gewiss doch! Ich erzähle Euch von der letzten Schlacht gegen die gegnerische Armee. Also, unsere Armee bestand aus 521 Soldaten, davon hatten 100 Soldaten Speere, 100 Soldaten Degen, 100 Soldaten Keulen und der Rest hatte ... Hm, das weiß ich nicht mehr.

König: Aufhören! Schluss! Das hab ich alles schon fünf Mal gehört! Das ist oberlangweilig! Hinaus!

Soldat: *verbeugt sich und geht*

Prinzessin: *kommt*
Papa König! Papa König! Ich weiß was Besseres! Ich schicke dir den Frosch. Der Frosch möge sofort vor dem König erscheinen! *geht*

Frosch: *kommt und verbeugt sich, bringt einen Würfel mit*
Wenn wir würfeln, ist es mit der Langeweile vorbei. *würfelt* Ah, eine Eins! Nun seid Ihr an der Reihe.

König: *würfelt*
Auch eine Eins. Ach, das ist langweilig! Hast du nicht eine andere Idee?

Frosch: Aber natürlich! *schafft den Würfel weg, bringt eine silberne Kugel* Wir spielen mit der Kugel, das ist lustig!

-> *König und Frosch rollen die Kugel hin und her*

König: Oh je, das ist ja noch langweiliger! Hast du nichts anderes?

Frosch: Aber sicher, Herr König. Ich werde Euch mein neuestes Froschlied vorsingen! *singt:* Quak, quak, brekkerekkekkes ...

König: Das klingt unmöglich und langweilig ist es auch! Geh in deinen Teich!

Frosch: verbeugt sich und geht

König: Jetzt sitze ich wieder alleine auf diesem Thronsessel, natürlich mit der Langeweile! Keinem fällt was Vernünftiges ein.

Prinzessin: Papa König! Papa König! Ich hab's! Vielleicht geht die Langeweile weg, wenn du erst mal etwas isst. Ich werde dir die Köchin schicken. Köchin, erscheine sofort vor dem König! *geht*

Köchin: verbeugt sich und bringt einen Kuchen mit
Ich habe Euch etwas ganz Feines gebacken.

König: springt auf, geht um den Kuchen herum, schnuppert immer wieder daran
Wer hat den Kuchen gebacken?

Köchin: Na, ich natürlich, Herr König!

König: Wo hast du ihn gebacken?

Köchin: Na, in der Küche im Backofen natürlich.

König: Wie hast du ihn gebacken?

Köchin: Na, im heißen Backofen natürlich.

König: Jetzt hat die Langeweile ein Ende! Ich backe Kuchen! Ab jetzt findet man den König in der Küche!

-> *Köchin und König gehen*

Kasper: beendet

Hilfe für den Osterhasen

Puppen und Requisiten:

Kasper, Kuh, Lisl, Hase, Oma, Katze, Hexe, kleine Schüssel, Stall, kleine Ostersüßigkeiten, Osterstrauß mit Eiern geschmückt, Beutel mit ausgeblasenen Eiern oder Holzeiern, Schüssel mit Gras oder Heu, kleine Bäume, Sträucher, Blumen

Handlung:

Kasper: *begrüßt*
Was ist bald für ein Fest? Wünscht ihr euch was? Ich freu mich schon darauf.

->*Hase rennt vorbei*

Kinder, was war denn das? War das nicht der Osterhase? Kommt, wir rufen ihn mal! Vielleicht kommt er noch mal zurück.

-> *Kasper und Kinder rufen*

Hase: *ist ganz abgehetzt*
Hat mich jemand gerufen?

Kasper: Ja, wir!

Hase: Ja, ja, jetzt ist Osterhasen-Hoch-Zeit. Wir haben schon seit acht Wochen Langlauf trainiert, weil wir ja alle beschenken sollen, und unsere Löffelohren besonders gut geputzt. *stöhnt* Trotzdem weiß ich nicht, wie ich das schaffen soll. Es ist so viel Eierarbeit!

Kasper: Och, kein Problem! Ich habe gerade ein paar Minuten Pause. Soll ich dir helfen?

Hase: Das würdest du machen? Oh ja, gern! Hm, in das Haus von Oma Hilde muss ich heute auch noch … Also, wenn du mir wirklich helfen willst, dann hole ich mal alle Ostergeschenke. *tippelt weg*

Kasper: Das war eine prima Idee von mir!

Lisl: *murmelt von hinter der Bühne*

Kasper: Pssst! Ich höre etwas!

Lisl: *murmelt wieder*

Kasper: Ich höre wieder was! Ist da wer?

Lisl: *kommt angeschlendert*

Kasper: Was murmelst du so vor dich hin? Sag! Ich bin doch so neugierig!

Lisl: Na, das Ostergedicht! Ich übe. Wenn der Osterhase kommt, muss das klappen. Mal sehen, ob ich's schon zusammenkriege.

Osterhäschen dort im Grase,
Wackelschwänzchen, Schnuppernase,
mit den langen braunen Ohren,
hast ein Osterei verloren.
Zwischen Blumen seh ich's liegen.
Osterhäschen, darf ich's kriegen?

freut sich, dass es schon klappt

Kasper: Och, das ist doch kinderleicht! Das kann ich schon! Also:

Osterhäschen auf der Blase
mit der großen Schnuppernase ...

Lisl: Nein, nein! So geht das nicht! Nicht auf der Blase! Kinder, sagt ihr es dem Kasper noch mal auf?

->*sagt das Gedicht mit den Kindern zusammen auf*

Ich muss jetzt noch ein bisschen der Oma helfen. Bis später! *geht*

Oma: *kommt und ruft Lisl*
Kannst du mir etwas beim Osterbrotbacken helfen?

Kasper: Sie ist schon unterwegs zu dir.

Oma: *freut sich und geht*

Hase: *kommt angeflitzt mit einer Schüssel voller Süßigkeiten*
So, schneller ging es nicht. Pass auf! Die drei Cognac-Bonbons sind für die Oma, der Schokoladenkäfer ist für die Lisl und die zwei Hasen aus Marzipan, da ist einer für die Katze und der andere für die Kuh.

Kasper: Waaas? Einen Marzipanhasen für die Kuh? Habt ihr das schon mal gehört? Also, bevor ich anfange, hole ich mir selber noch ein Bonbon, dann kann ich mir alles besser merken. *geht*

Lisl, Oma: Wir waren fleißig. Jetzt haben wir uns eine Mittagspause verdient. *beide gehen*

-> *Kuh und Katze kommen anspaziert*

Kuh: Schön, dass du mit mir auf der Weide warst. Da ist es nie langweilig.

Katze: Miau. Das mache ich doch gerne – aber jetzt haben wir uns erst mal eine Mittagspause verdient. *Kuh nickt und legt sich in den Stall, Katze legt sich neben den Stall*

Kasper: Hm, alles schläft! *guckt überall herum, dann versteckt er alles, flüstert leise:* So, jetzt hab ich's mir gemerkt. Und jetzt mache ich auch eine Pause! *schleicht weg*

Hexe: *kommt angeschwirrt*
Oh, das sieht lecker aus! Ich werde mir was mitnehmen. *nimmt etwas weg*

Hase: *erwischt die Hexe beim Stehlen, packt sie und schüttelt sie durch*

Hexe: *lässt die Süßigkeit fallen, gibt dem Hasen als „Entschädigung" einen Beutel mit Eiern, beide gehen*

Kasper: *beendet*

Im Zoo ist was los

Puppen und Requisiten:

Kasper, Zebra, Frosch, Igel, Katze, Ente, Seppl, 4 Käfige, Eimer mit Wasser, 1 Apfel, 1 Wollknäuel, einige Federn, 2 bis 3 Tierbücher, Zettel, Stift

Handlung:

Kasper: begrüßt
Ich habe mir heute etwas ganz Besonderes ausgedacht. Ich mache heute endlich mal wieder einen Zoobummel! Kinder, wart ihr auch schon mal im Zoo?

Seppl: Hallo, Kasper! Guck mal, was ich mir aus der Bücherei geholt habe! *zeigt nacheinander die Bücher*

Kasper: staunt und guckt interessiert die Bücher mit an
Ja, da kann man sehen, wie Affen klettern,
wie das Krokodil sein Maul aufreißt,
wie grimmig dich der Wolf anguckt,
wie Pinguine ins Wasser hopsen,
wie Kängurus springen und
Flamingos stolzieren!

Seppl: Da kann man viel lernen. Ich möchte dann einen Zoorundgang machen.

Kasper: Das ist prima! Ich auch. Da sehen wir uns vielleicht noch? Aber jetzt geht's endlich los. *Kasper geht, Seppl auch*

Ente: schimpft vor sich hin
Immer diese Langeweile! Aber ich gehe in den Zoo und frage die Tiere, ob sie mit mir spielen! *kommt an den ersten Käfig* Wer wohnt denn hier? Aha, der Igel.

Igel: liegt im Käfig und schläft

Ente: weckt ihn vorsichtig
Spielst du mit mir?

Igel: Nuff, nuff. Das wird nicht gehen. Ich muss alle meine Stacheln putzen, das braucht Zeit. Versuche es doch woanders.

Ente: *ist etwas traurig und geht weiter, kommt zum nächsten Käfig*
Und wer wohnt hier? Aha, der Laubfrosch.

Frosch: *liegt im Käfig und schnarcht*

Ente: *weckt ihn vorsichtig*
Spielst du mit mir?

Frosch: Das wird nicht gehen. Ich muss lange für das Froschkonzert üben und das Springen darf ich auch nicht verlernen. Versuche es doch woanders, Ente.

Ente: *geht und schimpft vor sich hin, kommt zum nächsten Käfig*
Mal sehen, ob jetzt endlich mal jemand Zeit für mich hat. Wer wohnt denn hier? Aha, die Katze.

Katze: *liegt im Stall und schläft*

Ente: *weckt die Katze vorsichtig*
Liebe Mieze, spielst du mit mir?

Katze: Miau. Tut mir leid, das wird nicht gehen. Hier, das herrliche Wollknäuel, damit spiele ich oft und dann muss mein seidenweiches Fell immer glänzen. Aber vielleicht hat jemand anderes Zeit?

Ente: *geht und schimpft laut*
Jetzt werde ich gleich ganz laut losschimpfen! Da geht die Langeweile ja nie weg! *kommt zum nächsten Käfig, bleibt stehen und wartet* Das ist das letzte Mal – und wehe, wenn es jetzt nicht klappt! Mal sehen, wer hier wohnt. Aha, das Zebra.

Zebra: *liegt im Käfig und schläft*

Ente: *weckt es vorsichtig*
Zebra, spielst du mit mir?

Zebra: Oh, es ist schon so spät am Vormittag? Da ist es Zeit für das Vormittagstraining. Tut mir leid, aber mit dem Spielen wird es nichts werden. Ich muss laufen, galoppieren, flitzen, rennen. Da darf ich nicht aus der Übung kommen. Vielleicht hat jemand anderes Zeit?

Ente: *geht, schimpft laut und jammert*
Guckt euch das an! Meine schönste Schwanzfeder habe ich aus Ärger verloren! Jetzt ist Schluss, jetzt frage ich niemanden mehr! *bleibt trotzig in einer Ecke sitzen*

Zebra: Wer schreit denn hier so erbärmlich? Da bleiben die Beine ja von alleine stehen! *geht wieder*

Frosch: Wer schreit denn hier so erbärmlich? Da bleibt einem ja der Ton im Hals stecken! *geht wieder*

Katze: Wer schreit denn hier so erbärmlich? Da bleibt ja das Wollknäuel von alleine liegen! *geht wieder*

Igel: Wer schreit denn hier so erbärmlich? Da stehen einem ja gleich alle Stacheln in die Höhe! *geht wieder*

Seppl: Wer schreit denn hier so erbärmlich? Da fallen einem ja die Ohren ab!

Ente: *klagt ihr Leid, dass keiner Zeit für sie habe, zählt auf, bei wem sie alles war*

Seppl: Lass mich nachdenken!

-> *für einen kurzen Augenblick ist Ruhe*

Mir ist eine gute Lösung eingefallen! Warte auf mich! *geht und holt Zettel und Stift*

Ente: Ich bin gespannt, was das wird …

Seppl: Jedes Tier hat von morgen an am Tag eine Stunde für dich Zeit. *schreibt auf den Zettel und spricht dazu:*
Von um acht bis um neun geht's zur Katze.
Von um neun bis um zehn geht's zum Igel.
Von um zehn bis um elf geht's zum Frosch
und von um elf bis um zwölf geht's zum Zebra spielen.
Dann gibt es Zoo-Mittagessen, Zoo-Mittagsschlaf, nachmittags um drei gibt's Zoo-Kaffeetrinken, dann eine Stunde Zootierkunde, eine Stunde Zoo-Gymnastik und dann ist Zoo-Abendbrotzeit. Dann ist der Tag um. Na, wie findest du meinen Vorschlag?

Ente: *hüpft vor Freude herum, kusselt den Seppl*
Das ist hervorragend! Das ist super!

Seppl: Damit fangen wir gleich morgen an, dann ist die Langeweile vorbei.

Ente: *bedankt sich und geht*

Seppl: Das war eine Aufregung! So, nun wird es auch für mich Zeit, nach Hause zu gehen. *geht*

Kasper: Was war denn das für ein Lärm im Zoo? Also, ich gehe jetzt noch mal beim Löwen vorbei. *verabschiedet sich und geht*

Der Zoo ist krank

Puppen und Requisiten:

Kasper, Seppl, Gretel, Zebra, Frosch, Katze, Igel, 1 Beutel, 1 Eintrittskarte, 2 bis 3 Teebeutel Kamillentee, Kekse, Bonbons, Saftpäckchen (Apfelsaft), 4 Gittergehege, Korb mit Gras

Handlung:

Kasper: begrüßt
Geht ihr auch so gern in den Zoo? Welche Tiere kann man dort sehen?

Gretel: Hallo, Kasper! Willst du auch in den Zoo? Gehen wir zusammen?

Kasper: Gute Idee! Zu zweit ist es noch schöner. *beide gehen*

Seppl: kommt mit einem Beutel und freut sich
Heute habe ich einen Beutel mit – mit vielen schönen Sachen drin! *packt den Beutel aus und sagt, was alles drin ist* Das wird ein Festessen für die Tiere, dass die mal was Ordentliches bekommen! *packt alles wieder ein, geht zum ersten Käfig* Liebes Zebra, willst du mal was Feines zu fressen haben? *packt die Bonbons aus und gibt sie hin*

Zebra: Hm, was ist denn das? Muss ich gleich mal probieren. Das habe ich noch nie bekommen.

Seppl: Lass es dir schmecken! *geht weiter, kommt zum nächsten Käfig* Lieber Frosch, willst du mal was Feines zu fressen haben? *packt die Kekse aus und gibt sie hin*

Frosch: Hm, was ist denn das? Muss ich gleich mal probieren. Das habe ich noch nie bekommen.

Seppl: Lass es dir schmecken! *geht weiter, kommt zum nächsten Käfig* Liebe Katze, willst du mal was Feines zu fressen haben? *packt den Korb mit Gras aus und gibt ihn hin*

Katze: Hm, was ist denn das? Muss ich gleich mal probieren. Das habe ich noch nie bekommen.

Seppl: Lass es dir schmecken! *geht weiter, kommt zum nächsten Käfig* Lieber Igel, willst du mal was Feines zu fressen haben? *packt das Saftpäckchen aus und gibt es hin*

Igel: Hm, was ist denn das? Muss ich gleich mal probieren. Das habe ich noch nie bekommen.

Seppl: Lass es dir schmecken! *geht weiter*

Gretel: Ach, ist das schön, den Tieren zuzusehen! Die glatte Haut der Schlangen, das schöne Gefieder der Fasane und der lange Hals der Giraffe!

Zebra: Aua, aua! Mein Bauch tut weh!

Gretel: Armes Zebra, was fehlt dir denn? Ich hole den Kasper!

Kasper: Nanu? Es hat etwas Schlechtes gegessen. Da weiß ich Rat. *holt einen Teebeutel* Da mache ich dir einen schönen Kamillentee.

Frosch: Aua, aua! Mein Bauch tut weh!

Gretel: Du auch noch? *ruft den Kasper*

Kasper: Nanu? Er hat etwas Schlechtes gegessen – also noch einen Teebeutel. *holt wieder einen Teebeutel*

Katze: Miau, miau! Mein Bauch tut weh!

Gretel: Der dritte Kranke! *ruft den Kasper*

Kasper: Die Katze hat auch etwas Schlechtes gegessen – also noch einen Teebeutel. *holt wieder einen Teebeutel* Wird jetzt der ganze Zoo krank?

Igel: Aua, aua! Mein Bauch tut weh!

Gretel: Das kann doch nicht wahr sein, dass du jetzt auch noch über Bauchschmerzen klagst! *ruft den Kasper*

Kasper: Keine Frage, er hat auch etwas Schlechtes gegessen. *holt den nächsten Teebeutel* Wir machen es so: Ich koche für alle Tee und du fragst die Tiere, was sie gegessen haben. *geht*

Gretel: Da fangen wir gleich bei dir an, Igel. Was hast du gegessen?

Igel: Ich habe das Saftpäckchen ausgetrunken.

Gretel: Oh je, das nehme ich gleich weg! *kommt zum nächsten Käfig* Was hast du gegessen, Katze?

Katze: Den Korb mit Gras.

Gretel: Den nehme ich auch gleich weg! *geht zum nächsten Käfig* Was hast du gegessen, Frosch?

Frosch: Die Kekse.

Gretel: Die nehme ich auch gleich weg. *geht zum nächsten Käfig* Was hast du gegessen, Zebra?

Zebra: Die Bonbons.

Gretel: Die nehme ich auch gleich weg. Und wer hat euch all diese Sachen gegeben?

Zebra: Das war so ein Junge mit einem Beutel. Bei den anderen war er auch.

Gretel: Kinder, ich glaube, das war immer derselbe! Der macht ja den ganzen Zoo krank! Und wenn das so weitergeht, muss der Zoo schließen! Kein Kind kann sich mehr die Tiere ansehen, weil alle Bauchschmerzen haben!

Kasper: So viel Kamillentee wie heute habe ich noch nie gekocht. Na, den schnapp ich mir! Kinder, ich muss schnell machen, damit ich diesen Prietzel noch erwische! *versteckt sich an der Seite*

Seppl: Hurra, mein Beutel ist leer! Alles verteilt! Na, die haben sich bestimmt gefreut!

Kasper: *schimpft mit dem Seppl*
Von wegen gefreut! Keinem geht's gut! Alle haben Bauchschmerzen! Da hast du was Schönes angerichtet!

Seppl: *tut verlegen*
Ich dachte, dass ...

Kasper: Ja, ja, du dachtest! Ab mit dir! Du meldest dich beim Zoodirektor, entschuldigst dich und fragst, wie du das wieder gutmachen kannst!

Seppl: Hm ... Oh je ... *geht langsam*

Kasper: Na los! Husch, husch! Bloß gut, dass ich heute im Zoo war! Jetzt sagt ihr mir mal, Kinder, dass ihr klüger seid als Seppl!
Was frisst ein Zebra?

-> *Kinder antworten*

Was frisst ein Frosch?

-> *Kinder antworten*

Was frisst eine Katze.

-> *Kinder antworten*

Was frisst ein Igel?

-> *Kinder antworten*

Ich sehe, ihr wisst Bescheid! Euch kann so eine Dummheit nicht passieren. *verabschiedet sich*

Mäuschen hat Geburtstag

Puppen und Requisiten:

Kasper, Elefant, Igel, Frosch, Kuh, Maus, Zebra, Wassereimer, Apfel, Fliege (auch selbst gebastelt), Schüssel mit Gras oder Heu, 3 Schleifen für die Maus, Netz mit „Babybel"-Käse

Handlung:

Kasper: tut aufgeregt
Heijeijei, Kinder! Heute ist Geburtstag angesagt. Ich darf ja nicht vergessen, zu gratulieren. *geht*

Maus: singt vor sich hin
Heut ist mein schönster Tag! Heut hab ich Geburtstag! Seht mal, wie schick ich bin. Am linken Ohr eine rote Schleife, am rechten Ohr eine grüne Schleife und an meinem Schwänzchen eine gelbe Schleife. Hoffentlich denkt jemand dran. Ob mir einer gratuliert?

Elefant: kommt zur Maus, bringt einen Eimer Wasser mit, drückt die Maus, kusselt sie
Mein liebes Mäuschen, ich wünsche dir alles Gute zum Geburtstag, dass du noch lange piepsen kannst. Ich hab dir einen Eimer frisches klares Wasser mitgebracht, da kann man planschen und spritzen. *spritzt Wasser in die Zuschauer*

Maus: Oh, das ist lieb, dass du an meinen Geburtstag gedacht hast! *dreht sich zur Seite* Da wird mein Fell ganz nass! *schüttelt sich* Ach, ich schau dir lieber noch ein bisschen zu, wie du so schön spritzen kannst.

Elefant: Jetzt muss ich gehen. Tschüssi!

Maus: Ich freue mich, dass der Elefant dran gedacht hat, aber den Wassereimer hab ich ihm doch lieber wieder mitgegeben.

Frosch: kommt mit der Fliege, drückt die Maus, kusselt sie
Mein liebes Mäuschen, ich wünsche dir alles Gute zum Geburtstag, dass du noch lange piepsen kannst. Hier, diese fette Fliege hab ich selber gefangen!

Maus: Oh, eine Fliege! Erzähl mir, wie du sie gefangen hast.

Frosch: berichtet

Maus: Hm, na ja ... Ich schau mal zu, wie du so Fliegen isst.

Frosch: *schnappt sie sich*
So, jetzt ist es Zeit, zu gehen. Heute Abend – pünktlich zum Froschkonzert – muss ich zurück am See sein. *verabschiedet sich*

Maus: Danke für deinen Besuch! Ach, ist das aufregend, so ein Geburtstag! Man kommt gar nicht zum Ausruhen.

Kuh: *kommt mit einer Schüssel voll Gras oder Heu, muht laut, drückt die Maus, kusselt sie*
Ich wünsche dir alles Gute zum Geburtstag, dass du noch lange so piepsen kannst!

Maus: *bedankt sich*

Kuh: Ich hab dir extra ganz frisches Gras mitgebracht, das schmeckt am allerbesten.

Maus: Na ja, mit dem Gras ist das so eine Sache. Wie isst man das?

Kuh: Man nimmt recht viel davon und dann kaut man es immer wieder. Aber nun muss ich wieder los auf die Weide. Wer viel Milch geben will, muss viel fressen.

Maus: *winkt hinterher*
Da freu ich mich, dass die gute Kuh auch dran gedacht hat. Aber eigentlich, so ganz im Geheimen, hatte ich mir was anderes gewünscht.

Igel: *kommt mit einem Apfel, drückt die Maus, kusselt sie*
Ich wünsche dir alles Gute zum Geburtstag, dass du noch lange so piepsen kannst. Ich hab dir meinen schönsten Apfel aus dem Laubhaufen rausgesucht.

Maus: *bedankt sich, bestaunt den schönen Apfel*
Es war bestimmt schwer, ihn hierher zu transportieren.

Igel: *nickt, braucht eine kleine Verschnaufpause, erkundigt sich, ob auch andere gratuliert hätten*

Maus: Oh ja! Der Elefant brachte mir einen Eimer mit Wasser, der Frosch brachte mir eine Fliege, die Kuh brachte mir eine Schüssel frisches Gras – und jetzt bist du da.

Igel: *staunt*
Oh, es wird Zeit für mich, den Heimweg anzutreten. *verabschiedet sich*

Maus: Es wird schon dunkel. Ob mir denn noch jemand das schenkt, was ich mir so sehr wünsche? Ich glaube es nicht mehr ... *seufzt, hockt traurig in der Ecke*

Zebra: *klopft an und ruft laut:*
Maus? Mäuschen, schläfst du schon? Ach, bloß gut, ich komme noch zurecht. Ich kann

doch meinem Freund nicht vergessen zu gratulieren. *drückt die Maus, kusselt sie* Ich wünsche dir alles Gute zum Geburtstag, dass du noch lange piepsen kannst. Ich dachte, dieses Geschenk würde dir vielleicht Freude machen. *holt das Netz mit dem „Babybel"-Käse hervor*

Maus: *piepst laut vor Freude, hüpft mit dem Netz hin und her, gibt dem Zebra einen Kuss* Du hast als Einziger nachgedacht, was mir wirklich Freude bereiten könnte! Ich danke dir! Komm, wir unterhalten uns noch ein wenig.

-> *Maus und Zebra gehen*

Kasper: Oh, jetzt muss ich mich beeilen, wenn ich noch zur rechten Zeit kommen will! Ich hoffe, euch hat es gefallen. Also dann ... Tschüssi!

Der hilfsbereite Kasper
(Nikolausgeschichte)

Puppen und Requisiten:

Kasper, Igel, Katze, Großmutter, Polizist, Teufel, 1 Sack, 1 Blatt vom Baum, 1 großes Haus, 2 verschiedene geputzte Schuhe, 1 ungeputzter Schuh, 1 Pantoffel, Rute, Kännchen Sahne, 1 Apfel, 1 Marzipanbrot, Tüte Bonbons

Handlung:

Kasper: begrüßt, ist ein bisschen hektisch und in Eile
War bei euch der Nikolaus, Kinder? Was hat er gebracht? Hm, der Nikolaus schafft die Arbeit nicht allein. Er muss nämlich alles selbst tun. Deswegen hat er mich gefragt, ob ich ein bisschen Zeit hätte. Ich könnte alle meine Freunde beschenken. Der Nikolaus weiß nämlich, wer meine Freunde sind: der Igel, die Katze, die gute fleißige Großmutter und der hilfsbereite Polizist. Die Polizei hat ja heutzutage so viel Arbeit – am Tag, in der Nacht, sogar am Wochenende, wenn wir schon zu Hause bleiben können. So, da werde ich mal den Sack holen und mir alles erklären lassen. *geht*

Katze: Jetzt muss ich mal aus meinem weichen warmen Körbchen raus, meinen Schuh vor das Haus stellen. *holt den Schuh und stellt ihn hin* Hoffentlich vergisst er mich nicht! *geht*

Igel: schnüffelt, sieht den Schuh stehen
Was mache ich? Ich wohne im Laubhaufen – und Schuhe habe ich nicht. Ich suche ein großes Blatt und lege es vors Haus, dann weiß er bestimmt Bescheid. *schnüffelt, findet ein Blatt, legt es hin und huscht in den Laubhaufen*

Polizist: Heute habe ich mal frei. Hier ist mein Schuh, blankpoliert auf Hochglanz. War der Nikolaus schon da? Gut, dann kann ich noch eine Stunde schlafen. *gähnt und geht*

Großmutter: Ja, ja, man hat immer so viel Arbeit! Den Nikolaus hätte ich fast vergessen. Hier ist mein Pantoffel. *stellt ihn daneben und geht*

Teufel: Ich werde meinen Schuh gleich vor das Haus hier stellen. Hier ist schon so viel los. Der soll mir ja viel bringen! Ich komme dann wieder gucken! *stellt den schmutzigen Schuh hin und geht*

Kasper: bringt den Sack mit

So, der Sack ist fertig. Oh, die Schuhe stehen ja alle schon fein sauber da! *guckt sich um* Nanu? Wer hat denn das Blatt hingelegt?

-> *Kinder rufen*

Aha, ich verstehe. Also, fangen wir an! *öffnet den Sack und packt aus*

-> *Kinder raten mit, für wen die Sachen bestimmt sind*

Ein Kännchen leckere Sahne für die ... (Katze)
Ein großer Apfel für den ... (Igel)
Ein Paket leckere Pfefferkuchen für den ... (Polizist)
Ein Marzipanbrot für die ... (Großmutter)

Was ist denn das für ein Schuh? Iiieeeh, ist der schmutzig! War der Teufel artig? Kriegt der was? *holt die Rute, legt sie in den schmutzigen Schuh* Geschafft! Jetzt gehe ich noch eine Runde spazieren, denn frische Luft ist gesund. *geht und nimmt den leeren Sack mit*

Teufel: Och, mein Schuh! Was soll das sein? Ich bin der allerliebste Teufel! Den Schuh habe ich pünktlich hingestellt. Ich hatte mich so auf einen Berg Süßigkeiten gefreut! Wieso ist nichts Schönes drin? Na, wartet! Euch überliste ich! Ich hole mir einen Sack und stecke alles rein. *holt einen Sack, nimmt alles aus den Schuhen raus* Die Rute lasse ich hier! Die könnt ihr behalten! *schleppt den vollen Sack weg, versteckt sich hinter dem Haus*

Kasper: So, jetzt war ich noch eine schöne Runde spazieren. Bin gespannt, ob sich alle über die kleinen Aufmerksamkeiten freuen ... *erschrickt* Kinder, was ist denn hier los? Und die Rute ist noch da! Na, warte! *nimmt die Rute, schleicht sich an den Teufel heran, verprügelt ihn tüchtig* Gib den Sack her, du Nikolausschreck!

Teufel: *schreit laut „Aua!" und lässt den Sack los, rennt weg*

Kasper: Jetzt müssen wir alles noch mal machen. Kinder, helft mir bitte! Für wen ist das?

-> *holt alles einzeln raus, bezeichnet es und legt es auf die Schuhe, bedankt sich bei den Kindern für die Hilfe*

So, nun gucke ich selber nach dem Teufel. Nicht, dass das noch mal passiert. *geht schauen und da er niemanden entdeckt, geht er*

Katze: Na, ist etwas im Schuh? *freut sich*

Igel: Na, ist etwas in meinem Blatt? *schnüffelt und freut sich*

-> *beide gehen*

Igel: *guckt noch mal um die Ecke zu den Kindern*
Seht ihr, wie schlau der Nikolaus war?

Polizist: Haha, was ich am liebsten in der Weihnachtszeit esse, das steckt im Schuh! Da werde ich heute an meinem freien Tag schön Kaffee trinken. *nimmt alles mit und geht*

Großmutter: Oh, so eine Überraschung! Ein wunderhübsches Marzipanbrot! Nikolaus, recht vielen Dank! *nimmt alles und geht*

Kasper: Ei der Daus! Ich habe ja gleich selber vergessen, meinen Schuh rauszustellen! Na, das ist ja vielleicht eine Bescherung! *setzt sich in eine Ecke und denkt nach*

-> *bekommt aus dem Publikum eine Tüte Bonbons geschenkt (vorbereiten!)*

freut sich und bedankt sich Da muss ich gleich einen lutschen! *verabschiedet sich*

Der faule Seppl
(Puppenspiel für Schulkinder)

Puppen und Requisiten:

Kasper, Gretel, Lisl, Seppl, Großmutter, Katze, Buch, Ball, Deutschheft, Matheheft, Bleistift, Spielzeugkiste, Briefumschlag mit Brief, Gretels Heft

Handlung:

Kasper: *begrüßt*
Ich bin sonst so gern bei der Großmutter, bin ich sonst auch. Na, Kinder, wer sagt das?

-> Kinder erraten das Märchen

Aber in letzter Zeit … Ich weiß nicht so recht. Der Seppl ist so faul geworden. Seid ihr auch so faul?

Gretel: Hallo, Kasper! Ach, heute war es wieder schön in der Schule! Wir haben neue Wörter gelernt vom Herbst – zusammengesetzte Substantive: Herbstlaub, Herbsttag, Herbstwind und …

-> z. B. „Herbstlieder" erraten die Kinder

Gut, gut! Kinder, ihr seid prima! Aber der Seppl hat wieder nicht mitgemacht und nicht mitgesungen. Ich spiele gar nicht mehr gern mit ihm … Hausaufgaben sind ganz wenige auf, bloß zwei Wörter mit Herbst aufschreiben. Kinder, wisst ihr noch zwei?

-> z. B. „Herbstanfang", „Herbstferien"

Super, Kinder! Das nehme ich! *geht*

Seppl: *schimpft vor sich hin*
Ich habe keine Lust, Hausaufgaben zu machen. Davon muss ich husten, ja, bei Hausaufgaben muss ich immer husten. Zwei Wörter – das ist viel zu viel! Hm, da muss ich ja nachdenken!

Gretel: *kommt singend mit einem Buch*

Seppl: Och, zeig mal her! *reißt ihr das Buch aus der Hand*

Gretel: Seppl, das macht man nicht! Gib mir das Buch zurück!

Seppl: Was machst du jetzt?

Gretel: Ich schaue mir mit Lisl das Buch an.

Seppl: Darf ich mit angucken?

Gretel: Hast du denn schon Hausaufgaben gemacht? Es waren ja bloß zwei Wörter.

Seppl: gibt keine richtige Antwort

Gretel: Gut, ich gehe dann schon in den Garten. Du kannst ja nachkommen, wenn du fertig bist. *geht mit dem Buch*

Seppl: flucht vor sich hin
Da muss ich ja nachdenken! Ah, mir ist was eingefallen! Das haben wir gleich erledigt! *holt sein Deutschheft, einen Bleistift, guckt ins Publikum und sagt spöttisch:* Haha, wisst ihr, was ich jetzt noch hole? *holt Gretels Heft, zeigt es den Kindern, nimmt den Bleistift* Wollen doch mal sehen, was Gretel geschrieben hat! *schreibt ab, zeigt seine Hausaufgabe den Kindern, räumt die Hefte und den Stift weg* So, erledigt! Jetzt kann ich endlich spielen gehen! *geht*

Katze: lugt ängstlich hervor, an zwei bis drei Stellen
Oh je! Habt ihr gesehen, was ich gesehen habe? Verratet bitte nichts der Oma! Sie würde sich sehr ärgern. Ich sage auch nichts und vielleicht macht es der Seppl ja nie wieder. Ich gehe jetzt wieder in mein Körbchen. *geht*

Gretel: Ach, war das heute wieder schön in der Schule!

Lisl: Hallo, Gretel! Wollen wir gleich zusammen die Hausaufgaben machen? Ist ja nicht viel, bloß ein bisschen Mathe.

Gretel: Ja, komm!

-> beide gehen

Lisl: kommt mit dem Ball
So, das ging schnell! Jetzt spielen wir schön Fußball.

Seppl: Och, zeig mal den Ball! *reißt ihr den Ball aus der Hand*

Lisl: Seppl, das macht man nicht! Gib mir den Ball zurück!

Seppl: Kann ich mit euch spielen?

Lisl: Hast du denn schon Hausaufgaben gemacht? Das bisschen Mathe ist ja schnell erledigt.

Seppl: *mault vor sich hin*

Lisl: Gut, dann gehe ich mit Gretel Ball spielen. Wir sind im Garten. Du kannst ja dann nachkommen, wenn du fertig bist. *geht mit dem Ball*

Seppl: *spricht in hässlichem Ton*
Hast du schon Hausaufgaben gemacht? Hausaufgaben, immer zuerst die! Ich kann's schon nicht mehr hören! Hm, da muss ich wieder nachdenken! *setzt sich in eine Ecke und stöhnt vor sich hin* Haha, ich hab's! *holt sein Matheheft und den Bleistift, zeigt das Heft den Kindern, holt Gretels Heft und schlägt beide auf* Jetzt ist mir was Tolles eingefallen! Wollen doch mal sehen, was Gretel gerechnet hat. *schreibt die Aufgaben ab, macht die Hefte zu, zeigt vorher den Kindern die Hausaufgaben, räumt Bleistift und sein Heft weg* Und damit das keiner merkt, schaffen wir das andere Heft schnell wieder in Gretels Schulranzen zurück! So, jetzt kann ich endlich Fußball spielen. Das ist viel schöner als die Matheaufgaben. *geht*

Katze: *guckt versteckt aus zwei bis drei Ecken heraus*
Oh je! Miau. Habt ihr gesehen, was ich gesehen habe? Ob ich es jetzt der Oma sage? Ach nein, ich warte noch ein Weilchen. Sagt bitte auch nichts, Kinder! Ich gehe wieder in mein Körbchen. *geht*

Gretel: Heute war es wieder schön. Ich habe eine Eins für die Hausaufgaben bekommen. Da freue ich mich.

Seppl: *kommt wütend*
Das kann ja wohl nicht wahr sein! Ich habe auch alles richtig und kriege bloß eine Drei! Und dann ... *hält einen Brief an Oma in der Hand* ... habe ich noch diesen Brief von der Lehrerin bekommen. Oh je, oh je! *jammert noch etwas*

Gretel: Na, dir wird schon das Richtige einfallen. Ich gehe Oma noch ein bisschen in der Küche helfen. *geht*

Seppl: *steht mit dem Brief da*
Die Oma wird ganz traurig sein, das weiß ich. Was mache ich bloß mit dem Brief? – Nein, ich muss jetzt die Wahrheit sagen.

Oma: Na, mein guter Seppl? Ach, Kinder, nichts ist schöner als eine fleißige Gretel und ein kluger, tüchtiger Seppl. *streichelt ihn*

Seppl: *druckst herum, schämt sich*
Oma ... ich muss dir was sagen. Der Brief ... ist von der Lehrerin, weil ... ich habe nämlich, na ja, die Hausaufgaben ... Aber ich will's nie wieder tun! Ich flitze jetzt in mein Zimmer und ... mache die Hausaufgaben und räume auf. Ja, das mache ich! *rennt weg*

Großmutter: Na, so ein Bengel! Aber ich freue mich, dass er die Wahrheit gesagt hat. Da will ich mal gar nicht schimpfen. Das hätte ich nicht von ihm gedacht.

Katze: *kuschelt sich an Oma*
Ich wollte es dir nicht sagen – und jetzt bin ich richtig froh, dass es der Seppl selber gesagt hat. *geht mit Oma*

Kasper: Na, das war ja eine Geschichte ... *beendet*

Wer ist der klügste Kasper?
(für Schulkinder)

Puppen und Requisiten:

2 Kasper bzw. Kasper und Seppl als Kasper, Gretel, Damespiel (oder ein anderes), Stift, Zettel mit Rätseln, 2 Bonbons

Handlung:

Kasper 1: begrüßt
Ich bin der klügste Kasper der Welt! Glaubt ihr mir das, Kinder?

Kasper 2: Was höre ich? Gar nicht wahr! *streitet herum* Ich bin mindestens genau so schlau wie du! Kannst du Dame spielen?

Kasper 1: Dame? Meinst du, ich soll mich verkleiden?

Kasper 2: lacht laut, schüttelt sich
Nein, ich meine das Damespiel! *holt es, baut es auf*

Kasper 1: sieht gespannt zu
Ach, das bringe ich! Los, fang du an! *spielen eine Weile zusammen, gähnt laut*

Kasper 2: gähnt ebenfalls laut
Dame spielen macht müde. Komm, wir machen eine Pause.

-> *beide legen sich hin, jeder in eine Ecke, schnarchen laut*

Gretel: Ach, der Kasper besucht uns mal wieder! *schaut verdutzt von einer Ecke zur anderen, wundert sich, überlegt* Wieso zwei Kasper? Kinder, was haben die gemacht? Das muss ich Großmutter erzählen. *geht*

Kasper 1: wacht auf
Oh, ist es schon Abend? Zum Glück sind die Kinder noch da, da kann es noch nicht Abend sein. *weckt den anderen Kasper* Mir ist im Schlaf eine Idee gekommen. *holt Zettel und Stift, schreibt Rätsel auf* Aber nicht schummeln!

Kasper 2: will gucken

Kasper 1: Na! Ich sagte doch: Nicht schummeln! Bin schon fertig.

Kasper 2: Und der Klügste von uns kriegt ein Bonbon. *holt ein Bonbon, legt es hin* Hier, das ist der erste Preis!

Kasper 1: Und los geht die Raterei! 20 Rätsel:

1.) Welches Insekt lieben die Kinder am meisten? (Marienkäfer)
2.) Welches Tier ist im Frühling und Sommer auf der Wiese das Fleißigste? (Biene)
3.) Welche gefährliche Naturgewalt kommt aus dem Berg und ist für uns lebensgefählich? (Vulkan)
4.) Warum müssen wir im Winter mehr Obst und Gemüse essen? (Vitamine)
5.) Welches Wort vergessen viele, wenn sie etwas haben möchten? (bitte)
6.) Wegen welchem Verkehrsschild (dreieckig, roter Rand, innen weiß) passieren viele Unfälle? (Vorfahrt beachten)
7.) Wegen welchem Bestandteil ist Spinat so gesund? (Eisen)
8.) Ohne welches Haus wären wir nicht so schlau? (Schule)
9.) Warum frieren die Schwäne im Winter nicht, wenn sie schwimmen? (Fettschicht in Federn)
10.) Was macht die Sonne mit den auf die Erde gefallenen Regentropfen? (aufsaugen)
11.) Welche Blume blüht eigentlich im Frühling als Erste? (Schneeglöckchen)
12.) Welche Jahreszeit ist die Letzte im Jahr? (Winter)
13.) Welches Fest feiern wir als Letztes? (Silvester)
14.) Wie heißt die schützende Schicht, die um die Erde geht und immer dünner wird? (Ozonschicht)
15.) Wo kann man alles, was wir wissen, nachlesen? (Lexikon)
16.) Wie heißt das Fach, das sich unter anderem mit Flächen beschäftigt? (Geometrie)
17.) Was nahmen die Menschen vor 200 Jahren zum Schreiben? (Feder)
18.) In welchem Land gibt es Pyramiden? (Ägypten)
19.) Welches Tier kann seine Haut so verändern, je nachdem, wo es ist? Also: Bäume, Gras, Erde? (Chamäleon)
20.) Welchen Himmelskörper wird nie ein Mensch besuchen können? (Sonne)

Kasper 2: überlegt manchmal lange

-> lässt sich von Kindern helfen, lobt einige oder bedankt sich
-> am Ende sind beide Kasper geschafft

Also, ich habe viel gewusst, aber du bist wahrscheinlich doch schlauer als ich. *gibt ihm das Bonbon*

Kasper 1: Nein, du hast viel gewusst, du kriegst das Bonbon! Ach, jetzt bekommt jeder eines! *geht das zweite Bonbon holen* Los, wir gehen jetzt in den Garten und lutschen gemütlich unsere Bonbons.

-> beide gehen, nehmen jeder ihr Bonbon mit

Gretel: Nanu? Wo sind denn die beiden hin? Wer war denn der Klügste? Aber muss es überhaupt einen klugen Kasper geben? Hauptsache, ihr seid wieder ein Stückchen klüger geworden. *verabschiedet sich*

Seppl: *kichert*
Das war alles ein bisschen gelogen.
Ich hatte mich verkleidet und umgezogen,
wollte doch auch mal ein Kasper sein.
Aber nein, nein! Das ist doch nicht so fein!
Ich bleib lieber der Seppl!
Weg mit dem ganzen Kaspergepeppl!
Der Kasper soll der Kasper bleiben
und ich kann auch als Seppl weiter Scherze treiben.
Tschüssi!

Der habgierige Teufel
(eine Weihnachtsgeschichte)

Puppen und Requisiten:

Kasper, Teufel, Lisl, Seppl, Großmutter, Polizist, 1 Teufelshaus, 1 Pappkiste, 1 Deckchen, 2 Geschenke, Rute, 1 Weihnachtsmann aus Schokolade

Handlung:

Kasper: begrüßt
Wer war heute bei euch? Hat er euch was gebracht? Oh, da kommt die Großmutter. Mal sehen, was sie bringt.

Großmutter: kommt mit einem Deckchen
Heute kommen meine Enkelkinder Seppl und Lisl. Weihnachten sind sie natürlich bei Mutti und Vati zu Hause, deshalb bekommen sie von mir die Geschenke schon heute. *breitet das Deckchen aus, holt die zwei Geschenke und legt sie darauf, hebt eines hoch* Das ist für meinen Seppl – ein Auto! *zeigt das andere* Das ist für meine Lisl – ein Buch! So, nun noch schnell den Kakao gekocht! *geht*

Teufel: kommt schlecht gelaunt und knurrt
Ich kriege bestimmt wieder nichts. Und dann soll man auch noch ein Gedicht lernen! Aber ich kann sogar eines:

Lieber kleiner Weihnachtsmann,
schau mich mal ganz gruselig an!
Steck dein Taschentuch ein,
ich will immer ganz teuflisch sein.

Na, so war's doch richtig, stimmt's? Och, was ist denn das? He? Ist hier keiner? *sieht die Geschenke liegen und berührt sie* Da ist bestimmt was Feines drin. Die kommen in mein Teufelshaus! *schleppt die Geschenke weg*

Großmutter: Meine Enkel sind angekommen! Jetzt mache ich ihnen eine Freude. Wo sind denn die Geschenke? Ich gucke noch mal richtig. *geht*

Seppl, Lisl: Nanu? Oma hatte doch gesagt, wir sollten zum Deckchen gehen, da würde etwas liegen.

Lisl: Ich sehe auch nichts. Ihr, Kinder?

-> *Kinder antworten*

Wir werden mal suchen, ob wir den Teufel finden. Ich habe zwar Angst vor dem Teufel, aber der Seppl ist ja bei mir.

-> *beide gehen*

Kasper: Na, haben sich Seppl und Lisl über die Geschenke gefreut?

-> *Kinder antworten*

Was? Das kann ja wohl nicht wahr sein! Dieser Teufelsdieb! Na, warte! Ich habe eine große Kiste. Wir locken den Teufel dort hinein. Ich verstecke mich dahinter. *holt die Kiste, versteckt sich dahinter*

Teufel: kommt gucken und schleicht um die Kiste herum
Was für eine schöne Schleife die drum hat. Da ist bestimmt auch noch etwas für mich drin. *macht die Schleife auf, klappt den Deckel hoch, schaut hinein, kriegt vom Kasper einen Schubs, fällt in die Kiste*

Kasper: macht schnell den Deckel zu
So, du Dieb! Jetzt lass ich dich nicht eher raus, bis du die Geschenke zurückgibst!

Teufel: schimpft aus der Kiste, will nichts sagen

Kasper: Da habe ich eine gute Idee! *flüstert zu den Kindern:* Der Teufel hat Angst vor dem Weihnachtsmann. Wir stellen ihm einen vor die Kiste und ich verstecke mich wieder. Mal sehen, ob das wirkt ... *holt einen Schokoladenweihnachtsmann und stellt ihn vor die Kiste, versteckt sich wieder und macht noch vorsichtig den Deckel auf*

Teufel: guckt aus der Kiste und sieht den Weihnachtsmann
Oh je! Der Weihnachtsmann steht vor mir! Jetzt muss ich doch die Wahrheit sagen. Also, die Geschenke habe ich genommen, aber ich gebe sie gleich wieder her. *rennt weg und holt die Geschenke, legt sie vor den Weihnachtsmann*

-> *Kasper sagt mit tiefer Stimme von hinten:* Das war in Ordnung von dir, Teufel! Ich dachte schon, ich müsste die Rute holen! Du kannst gehen, aber das machst du nicht noch einmal.

Teufel: Nein, nein! Ich verspreche es, Weihnachtsmann! *geht*

Kasper: kommt hinter der Kiste hervor und lacht laut
Er hat nicht mal gemerkt, dass das ein Schokoladenweihnachtsmann war. Bloß gut, dass

der Trick geklappt hat! *legt die Geschenke wieder auf das Deckchen* Jetzt kann es doch noch eine Überraschung geben. *geht*

Seppl, Lisl: He! Da sind ja die Geschenke! Warum haben wir die nicht gesehen?

Seppl: Das kleine Geschenk ist bestimmt für mich.

Lisl: *nimmt das andere Päckchen*
Komm, wir gehen uns gleich bei Oma bedanken!

-> *beide gehen*

Großmutter: Kinder, Kinder, das war eine Weihnachtsaufregung! Jetzt muss ich erst mal einen starken Kaffee trinken, der beruhigt. *geht*

Kasper: Tja, Kinder … Wenn der Kasper hilft, wird alles gut! Passt gut auf eure Geschenke auf und lasst euch vom Teufel nichts mopsen!

Der verzauberte Räuber

Puppen und Requisiten:

Kasper, Räuber, Hexe, Gretel, „Ställchen", Zauberstab, Zauberbuch, Zauberkugel (Luftballon), Schlafkissen, Tuch, Nadel

Handlung:

Kasper: kommt
Ich habe etwas geschenkt bekommen von der guten Hexe. *flüstert zu den Kindern:* Es ist nämlich ein Zauberstab! Damit könnten wir jetzt ein bisschen zaubern. *will ihn holen*

Räuber: macht Angst
Ich habe schon lange keinen mehr eingesperrt. Aber den Kasper wollte ich schon immer mal einsperren, der ist viel zu lieb zu den Kindern! Ich habe einen großen Stall, da kommt er rein, dann erzählt er seine Geschichten nur für mich – ich liebe Märchen und Geschichten!

Kasper: kommt zurück
Wo ist bloß mein Zauberstab? Ach, ich hatte ihn Gretel zum Angucken gegeben. Hm …

Räuber: überrascht den Kasper, wirft ihm ein Tuch über, sperrt ihn in sein Ställchen ein
So, jetzt bleibst du lange hier, bis du mir Geschichten erzählst!

Kasper: Nein, die sind für alle Kinder, Muttis und Vatis!

Räuber: Dann bleibst du in meinem Käfig – ohne Essen und Trinken. Ich aber werde erst mal was zu mir nehmen. *geht*

Gretel: will Kasper den Stab wiederbringen
Nanu? Wo ist denn das Kasperle? *ruft ihn, findet ihn eingesperrt* Was ist denn mit dir passiert? Wie konnte das geschehen?

Kasper: Wir haben einen bösen Räuber! Die Zauberkugel hat ihn verzaubert und böse gemacht. Wir müssen versuchen, sie ihm wegzunehmen.

Gretel: Ich helfe dir, aber wie soll ich das machen?

Kasper: Du musst warten, bis der Räuber abends eingeschlafen ist. Die Zauberkugel nimmt er immer mit auf sein Schlafkissen. Aber du darfst nicht selber mit einschlafen!

Gretel: Ich gebe mir Mühe. Oh, ich muss mich verstecken. Er kommt zurück!

Räuber: Ha, ha! Heute habe ich den Kasper gefangen! Niemand kann ihn befreien. *gähnt laut* Aber jetzt ist es spät. Werde erst mal schlafen gehen. Vielleicht hat sich's der Kasper morgen anders überlegt und erzählt mir Geschichten. *nimmt die Zauberkugel mit*

Gretel: Oh, jetzt muss ich Acht geben! Wenn er einschläft und ganz fest schnarcht, kann ich es wagen. Ach, ich bin auch so müde. Ob ich ein klein wenig schlafe? *schreckt hoch, flüstert leise:* Nein, ich darf doch nicht einschlafen!

Räuber: *schläft erst leise, fängt dann laut an zu schnarchen, lässt ein bisschen die Zauberkugel los*

Gretel: *fasst ihn behutsam an und zieht ihn weg, freut sich leise, geht zum Kasper und flüstert:* Die Zauberkugel muss platzen, aber wenn ich sie zersteche, wacht der Räuber auf! Die gute Hexe muss ihn ganz fest einschläfern. Wir müssen sie leise rufen!

-> *fordert die Kinder auf, leise mit ihnen zu rufen*

Hexe: Was gibt es Wichtiges?

Gretel: Bitte schläfere den Räuber ganz fest ein.

Hexe: Das ist eine Kleinigkeit.

Räuber, Räuber, komm zur Ruh!
Mach die Augen fester zu!
Musst doch so sehr müde sein,
schlafe jetzt noch fester ein!

So, das war's.

Gretel: *bedankt sich, sticht mit der Nadel in die Zauberkugel (Luftballon)*
Der Zauber ist nun gebrochen, morgen wird ein lieber Räuber aufwachen. So, jetzt nehmen wir den Zauberstab und befreien unseren Kasper.

-> *Hexe und Gretel fassen den Stab zusammen an*

Hokus, Pokus, Fidibus – dreimal schwarzer Kater!
Käfig, Käfig, pass jetzt auf:
Mache deine Türe auf,
lasse unsren Kasper raus!

-> *Käfig verschwindet*

-> *Kasper und Gretel freuen sich, tanzen*

Kasper: Und den Räuber lassen wir in aller Ruhe ausschlafen. Ach, Gretel, jetzt brauche ich einen kräftigen Kakao und ein großes Stück Kuchen!

Gretel: Das hole ich dir! *geht*

Kasper: Kinder, Kinder, war die Gretel nicht mutig? Jetzt kann ich wieder für alle Kinder, Muttis und Vatis Geschichten erzählen. *verabschiedet sich*

Pilze suchen mit Herrn Fuchs

Puppen und Requisiten:

Kasper, Fuchs, Elster, 1 Korb, 1 Kette, 1 Stück helle Knete, 1 kleine Dose bzw. Kästchen, Pilzquartett oder einzelne Karten, Pilze aus Pappe, Plastilin oder Salzteig, Gras oder Bäume

Handlung:

Kasper: begrüßt
Kinder, heute ist ein besonderer Tag. Ich darf nämlich mit Herrn Fuchs zusammen Pilze suchen gehen. Eigentlich geht er lieber alleine, er ist nämlich schon ein alter Fuchs und will meistens seine Ruhe haben.

-> kleine Dose bzw. Kästchen steht auf der Bühne, man hört den Fuchs singen

Oh, ich glaube, da ist er schon. Ich verstecke mich mal. Er braucht ja nicht zu wissen, dass ich schon ein paar Minuten eher da bin. *geht*

Fuchs: singt

Der Fuchs geht in den Wald,
der Fuchs geht in den Wald!
Der Kasper wird heut bei mir sein,
da ist das Füchslein nicht allein.
Der Fuchs geht in den Wald.

Hihihih! Ich könnte mir jetzt schon die Pfoten reiben, wenn ich an die schöne Pilzmahlzeit denke! Also, jetzt nehme ich mal den Kaugummi aus dem Mund. Den kaue ich nämlich öfter, damit ich weniger esse und nicht zu dick werde. Das gefällt nämlich Frau Elster nicht. *dreht sich ein bisschen weg, legt den Kaugummi in die Dose und schließt den Deckel*

Elster: kommt trällernd
Na, Herr Fuchs? Was haben Sie da eben wieder vor mir versteckt?

Fuchs: Ich? Wie kommen Sie denn auf so was, Elsterchen! Ich verstecke nie etwas.

Elster: Oh, was sagt mir meine schlaueste Schwanzfeder? Herr Fuchs geht heute Pilze sammeln.

Fuchs: So ist es – aber auf keinen Fall mit Ihnen! Und jetzt wird es Zeit, den Pilzkorb bereitzustellen. *geht*

Elster: Endlich allein! Die ganze Zeit hüpfe ich schon von einem Bein aufs andere. Jetzt wollen wir doch mal schauen, was sich in der Dose verbirgt. *hebt vorsichtig den Deckel hoch, schaut hinein, der Kaugummi klebt am Schnabel, macht ein paar undeutliche Bemerkungen*

Fuchs: Hab ich mir's gleich gedacht! Die Neugierde, die Neugierde! Aber das geschieht Ihnen ganz recht! Man soll seinen Schnabel nicht in fremde Sachen stecken. Ich glaube, Sie müssen jetzt schnellstens in Ihr Nest fliegen.

Elster: nickt leise und geht

Fuchs: Nun kann es losgehen! Kasper, bist du bereit? Wo steckt er wieder?

Kasper: versteckt sich noch an der Seite zieht den Fuchs am Schwanz (oder Ohr)
Da bin ich doch! Hast du den Korb dabei?

Fuchs: Hab ich, bin ja schließlich ein schlauer Fuchs!

Kasper: Wenn du so schlau bist, dann sag mir doch: Wie viel sind fünf Pilze und noch mal drei Pilze?

Fuchs: überlegt erst
Ich würde sagen, ein ganzer Korb voll.

Kasper: wendet sich an die Kinder und sagt leise: Kinder, ich dachte, das sei ein schlauer Fuchs. Sieht aber nicht so aus. *lacht leise und sagt dann laut:* Gut, gehen wir los, sonst laufen uns noch die Pilze weg!

-> *beide gehen ein Stückchen, Fuchs bleibt stehen und erschrickt*

Kasper: Hast du was vergessen?

Fuchs: Potz Blitz und Sauerampfer! Ich wollte doch das Pilzquartett mitnehmen! Oder kennst du dich mit den Pilzen aus?

Kasper: Ein großer Pilzkenner bin ich nicht, aber ich dachte, die Kinder helfen mit? Ein paar Pilze kennt ihr bestimmt, das werden wir gleich mal testen. Wer errät die Pilze?

1.) Roter Hut mit weißen Punkten drauf – den hebt besser keiner auf! (Fliegenpilz)
2.) Wer wächst im Wald und schmeckt sehr gut, hat oben einen braunen Hut? (Braunhedl)
3.) Gräulicher Stiel und roter Hut – den kannst du nehmen, der ist gut! (Rotkuppe)
4.) Wer riecht im ganzen Wald nicht schön – bei dem Pilz musst du weitergehn! (Stinkmorchel)

Fuchs: Klasse, Kinder! Das hätte ich nicht gedacht. Aber nun lass uns suchen, damit eine große Pilzmahlzeit zusammenkommt! *guckt herum und findet einen oder zwei* Meine Pilznase hat einen aufgestöbert!

Kasper: Was ist es denn für einer?

Fuchs: Na dieser, dieser … Fliegenpilz. Och, der wird schmecken!

Kasper: Halt, halt! Was haben die Kinder gerade erraten? Der ist doch giftig!

Fuchs: Dann muss meine Pilznase eben weiterschnüffeln. *hat wieder einen gefunden und ruft laut, diesmal einen braunen Essbaren* Ich hab den Namen vergessen!

-> *Kinder helfen dem Fuchs*
-> *Fuchs reißt den Pilz raus und legt ihn in den Korb*

Kasper: Halt, halt! Was war denn das nun wieder!

Fuchs: Ich denke, der Pilz ist essbar?

Kasper: Ja, das schon. Aber wie gehst du denn mit dem Pilz um?

Fuchs: Wie soll ein Fuchs schon mit Pilzen umgehen? Ich ziehe ihn heraus und lege ihn in mein Pilzkörbchen.

Kasper: schaut die Kinder an
Kinder, gleich vergeht mir der Pilzappetit! Wie bekommt man die Pilze aus dem Waldboden?

-> *Kinder helfen und erklären, dass man sie über dem Erdboden mit dem Messer abschneidet*

Sag bloß, Füchslein, du hast das Messer vergessen?

Fuchs: schämt sich und murmelt, gibt es leise zu

Kasper: tröstet ihn
Das Elsternest ist ja nicht weit, da bitte ich um ein Messer. *holt das Pilzquartett hervor* Ich habe doch heimlich das Quartett mitgenommen, aber das brauchen wir ja nun auch nicht mehr.

Fuchs: stupst plötzlich den Kasper an
Schau mal, was da liegt! *hebt eine Perlenkette auf* Ist die schwer! Die gehört Frau Elster. Ich verstehe nicht, wie man mit solchen Gewichten um den Hals noch durch die Luft fliegen kann!

Kasper: Komm, leg sie in den Korb! *Kasper hält den Korb, Fuchs legt die Kette hinein* Wenn wir im Wald schon keine Pilze ernten, dann wenigstens Frau Elsters Kette.

Fuchs: Och, die wird jetzt Augen machen! Machen wir uns einen gemütlichen Nachmittag im Elsternest! Dort studieren wir noch mal die Pilzkarten und gehen dann zu dritt Pilze sammeln.

Kasper: Gute Idee! Also, Kinder, macht euch auch so einen gemütlichen Nachmittag wie wir! *verabschiedet sich*

Vom klugen Seppl, der alles wissen wollte

Puppen und Requisiten:

Seppl, Kasper, Igel, Gretel, Großmutter, 1 Buch, Steckhalma oder ein anderes Spiel, 1 Kissen

Handlung:

Kasper: Tri-tra-trallala ... Kinder, gestern hatte ich Kopfschmerzen. Und warum? Weil ich mich immer wieder gefragt habe: Warum gibt es einen Kasper und keine Kasperline? Und vorgestern hatte ich auch Kopfschmerzen, weil ich mich gefragt habe: Warum vergeht heute bloß die Zeit so schnell? Dreht sich die Uhr schneller? Manchmal will eine Stunde gar nicht vergehen und vorgestern war der Tag so schnell rum. Und heute brummt mein Kopf schon wieder wegen so einer Frage: Warum muss man eigentlich jeden Tag essen und trinken? Reine Zeitverschwendung! Ich würde gern mal einen ganzen Tag lang nur Märchen lesen oder einen Tag lang nur im Wald rumstromern ... Werde mal sehen, ob ich jemanden finde, der mir meine Fragen beantworten kann. *geht*

Seppl: kommt mit einem großen Buch, stöhnt, legt es hin
Hier drin lese ich ständig. Das ist mein Lieblingsbuch! *blättert ein bisschen, liest laut:* Warum weht der Wind manchmal ganz wenig und an anderen Tagen bläst er stürmisch? *überlegt, schaut auf die Kinder* Warum ziehen sich die Menschen Sachen an? Das ist eine fetzige Frage!

-> *Kinder raten mit, Seppl blättert weiter*

Warum haben die Fische Kiemen? Oh, es gibt so viel Interessantes auf der Welt und ich weiß noch gar nicht alles. Das muss sich ändern!

Igel: Kommst du noch ein bisschen raus?

Seppl: Ich hab gar keine Zeit! Muss noch viel lernen, weiß noch zu wenig!

Igel: lacht
Du bist so schlau!

Seppl: Jetzt, wo ich dich sehe, frage ich mich: Warum hast du eigentlich Stacheln?

Igel: *windet sich, guckt sich an, dann Seppl*
Ich sehe doch immer so aus! Warum ich Stacheln habe, ist doch klar: zum Schutz! Schade um das schöne Wetter. *geht*

Seppl: Wenn ich erst alles weiß, ist es nicht mehr schade um das Wetter! *blättert weiter und liest*

Gretel: Ich suche dich schon lange! Liest schon wieder in deinem Buch? Warum denn? Ich wollte mit dir das Steckhalma ausprobieren, das ich zum Geburtstag bekommen habe.

Seppl: Keine Zeit! Wenn ich alles weiß, spiele ich mit dir. *schaut wieder in sein Buch, gähnt* Obwohl ich ein bisschen müde bin – und Hunger habe! *liest weiter*

Gretel: So ein Unsinn, Kinder! Will alles wissen … Das geht doch gar nicht! Das gibt es gar nicht! Da muss ich mir mit der Großmutter etwas überlegen. *geht*

Igel: *kommt noch mal gucken, schüttelt den Kopf, sagt leise zu den Kindern:* Da brauch ich gar nicht noch mal zu fragen. Er merkt gar nicht, was für ein herrliches Wetter draußen ist! Dummkopf, nicht Schlaukopf, wenn er so weitermacht! *geht leise*

Großmutter: *ruft Seppl, schaut sich um*
Es gibt Essen!

Seppl: Ja, ja, ich komme bald. *gähnt* Ich komme in fünf Minuten! *legt sich auf das Kissen daneben, schläft ein*

Großmutter: *kommt noch mal, schaut sich Seppl an, schüttelt den Kopf*
Nicht essen, nicht schlafen – aber alles wissen wollen! *ruft Gretel*

-> *beide nehmen ihm das Buch weg und gehen leise*

Seppl: *wacht auf und erschrickt*
Gibt es noch Essen? Ich habe solchen Hunger! Oh, mein Buch ist weg! Da werde ich nie alles wissen … *ruft nach dem Igel:* Hast du mein Buch?

Igel: Nein.

Seppl: *ruft Gretel*
Hast du mein Buch?

Gretel: Nein.

Seppl: *ruft Großmutter*
Hast du mein Buch?

Großmutter: Vielleicht? Ich könnte es haben, wenn du mir versprichst, mit dem Unsinn aufzuhören!

Seppl: Dann bin ich nicht mehr der Klügste. Ich wollte doch alles wissen!

Großmutter: Was du da möchtest, gibt es nur im Märchen. Was du an Wissen und Können brauchst, lernst du in der Schule, im Leben, von deinen Eltern und – wenn du Glück hast – von deinen Freunden. Jetzt wird aber erst einmal gegessen! *geht*

Seppl: *sieht nachdenklich zu den Kindern*
Was sagt die Oma? Was ich wissen muss, lerne ich in der Schule, im Leben, von den Eltern und – wenn ich Glück habe – von meinen Freunden? Hm, da brauche ich aber gute Freunde!

-> eventuell Frage: Was meint die Oma mit „im Leben"? Wer sind meine Freunde und sind sie gut?

Kasper: Seppl! Seppl! Hilf mir, mein Kopf brummt! *zählt seine Fragen auf:*

1.) Warum sagen alle Kasper und nicht Kasperline?
2.) Warum vergeht manchmal die Zeit so schnell und manchmal gar nicht?
3.) Warum bläst manchmal der Wind so heftig und manchmal gar nicht?

Seppl: Halt, halt! Nicht so schnell! Die Fragen beantworte ich dir alle nach dem Essen. Komm mit, die Oma hat schon den Tisch gedeckt!

Kasper: Essen? Au ja, fein! Das lasse ich mir nicht zwei Mal sagen. Also, Kinder, alle Fragen haben eine Antwort! Bis zum nächsten Mal!

Vom König, der seinen Wald retten wollte

Puppen und Requisiten:

Kasper, König, Prinzessin, Hexe, Förster, Teufel, 4 verschiedene Tiere (z. B. Papagei, Eichhörnchen, Katze, Tiger), Becher oder Tasse mit wenigstens 2 Würfeln, Faschings-Pistole, 2 verschieden gebastelte Behausungen für Teufel und Förster, Hexe aus Pappe, Flasche mit „Parfüm"

Handlung:

Kasper: begrüßt die Kinder, ist müde und gähnt
Ich war gestern so lange im Märchenland. Da war was los! Action, sag ich euch! Aber das will ich euch nicht erzählen, das erzählen euch mal diejenigen, die es betroffen hat. *geht leise*

König, Prinzessin: König hält Würfelbecher mit Würfeln in der Hand, schüttelt kräftig, schaut auf die Würfel, zählt Punkte zusammen

König: Och, bloß drei! Jetzt du, mein Prinzesschen! Würfeln ist doch das Schönste und Interessanteste, was es gibt.

Prinzessin: Ja, Papa! *schüttelt Becher und würfelt* Hm, das Zählen dauert etwas. *zählt langsam, lässt sich von den Kindern helfen, hopst vor Freude herum, weil es fünf sind*

König: Was? Du würfelst mehr als ich? Unmöglich! *schüttelt kräftig, schaut Würfel an und beginnt zu zählen*

-> *es klopft*

Wer stört mich denn jetzt?

Prinzessin: Würfle weiter, Papa! Ich schaue nach, wer es ist. *geht*

-> *ruft von Weitem (nicht sichtbar):* Es ist der Förster. Kann er kommen?

König: Lass ihn eintreten!

Förster: verbeugt sich

König: Was ist dein Begehr? Hoffentlich nichts Schlechtes ...

Förster: Es geht um Euren königlichen Wald, Herr König. Es ist ein herrlicher Wald. Alle Könige und Kaiser beneiden Euch um ihn. In ihm gibt es seltene Tiere und Pflanzen. Bis jetzt habe ich ihn immer gepflegt und in Ordnung gehalten. Aber jetzt ...

König: Was bedeutet das? Willst du etwa in ein anderes Königreich?

Förster: schüttelt leise den Kopf

König: Oder willst du ab morgen als Koch bei mir dienen?

Förster: schüttelt wieder leise den Kopf

König: will würfeln, hält inne
Was willst du dann? Rede schon!

Förster: Förster zu sein, ist das Schönste, was es gibt. Man ist immer in der Natur. Förster sein ist viel besser als König sein. Aber es ist etwas Furchtbares passiert: In Eurem königlichen Wald haben sich eine Hexe und ein Teufel eingenistet. Sie sehen schauerlich aus. *schüttelt sich, zittert ein wenig* Ich dachte, sie laufen vor meiner Pistole davon, aber nein! *zieht die Pistole, hält sie auf den König*

König: erschrickt sehr, versteckt sich hinter dem Vorhang, guckt vorsichtig hervor
Du sollst nicht auf mich zielen, sondern auf diese Ungeheuer! Du meinst, du kannst die Ungeheuer mit deiner Pistole nicht vertreiben?

Förster: Nein, Herr König.

König: Vielleicht geht es mit den Würfeln?

Förster: Nein, damit geht es auch nicht.

König: Und wenn ich meine Soldaten in den Wald schicke?

Förster: Nein, damit geht es auch nicht.

König: Und wenn ich selbst hingehe und es ihnen befehle?

Förster: Nein, dann auch nicht.

König: Du kannst gehen. Hab Dank für deine Ehrlichkeit.

Förster: verbeugt sich und geht

König: *denkt angestrengt nach*
Ich bin der König. Das muss gehen! Mir muss jeder gehorchen, erst recht ein Ungeheuer! *ruft die Prinzessin*

Prinzessin: Du hast gerufen, Papa?

König: Prinzesschen, ich gehe selbst in den Wald, um die Hexe und den Teufel zu verjagen. Du wirst sehen, ich bin ganz schnell wieder im Schloss.

Prinzessin: Oh nein! Nicht in den Wald! Geh nicht!

König: Mein königlicher Entschluss steht fest. Bedenke, was diese Ungeheuer noch alles anrichten können. *verabschiedet sich von der Prinzessin*

Prinzessin: *verabschiedet sich vom König, jammert*
Werde jeden Tag vom Turm aus nach dir schauen! *geht*

König: *wandert los*

-> *ist für Zuschauer erst mal weg*
-> *im Wald*

Papagei: Im schönen königlichen Wald, da singe ich ein Liedchen bald!

Teufel: *lugt aus einem Versteck nach dem Papagei, flüstert:* Wen haben wir denn da? Den schnappe ich mir! *stürzt hervor, überfällt den Papagei, schleppt ihn weg* Den nehm ich mir, der kann jeden Tag für mich singen! *versteckt sich wieder*

Eichhörnchen: Im schönen königlichen Wald, da finde ich Nüsse bald!

Teufel: *lugt aus Versteck hervor, flüstert:* Wen haben wir denn da noch? Den schnappe ich mir! *stürzt hervor, überfällt das Eichhörnchen, schleppt es weg* Das wird mir Nüsse suchen, die esse ich so gerne! Jetzt reicht es mir aber erst mal. *geht*

Katze: Miau. Im schönen königlichen Wald, da fang ich fette Mäuse bald!

Hexe: *lugt aus ihrem Versteck hervor*
Wen haben wir denn da? Die schnappe ich mir! *stürzt aus ihrem Versteck hervor, überfällt die Katze, schleppt sie weg* Die sorgt in meiner Hexenwohnung für Ordnung. *versteckt sich wieder*

Tiger: Im schönen königlichen Wald, da fange ich kranke Tiere bald!

Hexe: *lugt aus ihrem Versteck, stürzt hervor, überfällt den Tiger, schleppt ihn weg*
So, der hält vor meinem Hexenhaus Wache und außerdem kann ich auf ihm reiten! Das reicht mir aber erst mal. *geht*

König: *sieht sich um*
Diese Stille! Kein Tier ist zu sehen. Ich hatte doch Tiger und Katzen ...

Teufel: Och, noch jemand zum Mitnehmen! Der sieht ja ulkig aus. Was kannst du denn?

König: Ich bin der König! Ich befehle dir, sofort meinen Wald zu verlassen!

Teufel: *lacht*
Das könnte dir so passen! Hier gefällt es mir, hier bleibe ich! Aber mit dir kann ich ja gar nichts anfangen. *geht*

Hexe: Och, noch jemand zum Mitnehmen! Der sieht ja ulkig aus. Was kannst du denn?

König: Ich bin der König! Ich befehle dir, sofort meinen Wald zu verlassen!

Hexe: *lacht*
Das könnte dir so passen! Hier gefällt es mir, hier bleibe ich! Aber mit dir kann ich ja gar nichts anfangen. *geht*

König: *setzt sich hin, denkt nach*
Nicht zu glauben, sie hören nicht auf meine Befehle! Der Förster hatte also Recht. Wen kann ich fragen? Förster nicht, Prinzessin nicht, Minister nicht! Eine List! Ich brauche eine List! Womit könnte mir eine List gelingen? Bleibt nur eine Möglichkeit: das Fläschchen von meinem Prinzesschen. Ja, das ist das richtige Mittel. Ich muss zurück ins Schloss! Sie muss es mir geben! *geht*

Prinzessin: Ich halte jeden Tag Ausschau, aber Papa kommt nicht zurück. *schaut nach allen Seiten* Da kommt er! *bestürmt den König mit Fragen:* Wo warst du so lange? Wie geht es dir? Hast du dich auch nicht erkältet? Hast du die Ungeheuer gesehen?

König: Halt! Keine Zeit für deine Fragen! Ich brauche dein Fläschchen mit dem Wunderparfüm!

Prinzessin: Mein Fläschchen mit dem Wunderparfüm? Wozu? Brauchst du alles?

König: Hole es bitte!

Prinzessin: *geht und holt das Fläschchen, gibt es dem König*
Damit wollte ich mir einen ganz lieben Prinzen zaubern.

König: Du bekommst auch so einen lieben Prinzen! Jetzt muss ich aber schnell wieder in den Wald! *verabschiedet sich und geht, nimmt die Flasche mit*

Prinzessin: Jetzt muss ich wieder warten! Das ist so langweilig! Hauptsache, er braucht nicht das ganze Wunderparfüm für diese Ungeheuer! *geht*

König: *kommt wieder im Wald an*
Das ist neuer königlicher Rekord! Eine so große Strecke ohne Kutsche, ohne Pferd! Das würde keiner meiner schlappen Minister schaffen! Nun heißt es, listig sein und klug handeln. Den Stöpsel ziehen wir schon mal ab.

-> *lässt sich eventuell von einem Kind helfen*

ruft den Teufel

Teufel: Ah, jetzt werde ich dich mitnehmen!

König: Umgekehrt! Ich will dich mitnehmen. Die Prinzessin möchte dich sehen. Sie ist sehr neugierig. Aber wie siehst du denn aus?

Teufel: Alle Teufel sehen so aus!

König: Aber wenigstens gut riechen kannst du doch, sonst fällt die Prinzessin gleich um. Komm näher und rieche, wie es duftet!

Teufel: *kommt nah heran und riecht*

König: *sprüht ihn ein*

Teufel: *schläft ein*

König: *schleppt ihn erst einmal in die Teufelshöhle, stellt sich wieder hin und wartet*

Hexe: Ah, jetzt werde ich dich mitnehmen!

König: Umgekehrt! Ich will dich mitnehmen! Die Prinzessin möchte dich sehen. Sie ist sehr neugierig. Aber wie siehst du denn aus?

Hexe: Alle Hexen sehen so aus!

König: Aber wenigstens gut riechen kannst du doch, sonst fällt die Prinzessin gleich um. Komm näher und rieche, wie es duftet!

Hexe: *kommt nah heran und riecht*

König: *sprüht sie ein*

Hexe: *fällt um*

König: *schleppt sie in die Hexenwohnung, setzt sich hin und ruht sich aus*

Förster: Herr König, ich hatte solch ein schlechtes Gewissen! Ich wollte nicht, dass Euch ein Unglück widerfährt!

König: Schon alles erledigt! Komm mit einem großen Käfig, sammle Teufel und Hexe ein, dann lass die Tiere frei! Prinzesschen wird sich freuen, es ist noch viel von ihrem Wunderparfüm da. Ich gehe in mein Schloss und erhole mich! *nimmt die Flasche mit und geht*

Förster: Zu Befehl, Herr König! Und das ohne Kutsche … Dann frisch ans Werk! Wenn mir jetzt wenigstens der Kasper helfen könnte!

Kasper: *kommt angesaust*
Ich helfe dir gern, aber ich muss mich vorher von den Kindern verabschieden. Ich hätte richtig Lust, dann noch mal das Zauberparfüm auszuprobieren. Vielleicht an einem Minister? Mal sehen … Also, bis zum nächsten Mal!

Die Mäusefreundschaft

Puppen und Requisiten:

Kasper, 3 Mäuse, Katze, 1 Scheibe Brot, 1 Stück Käse, 1 Pinsel, etwas Farbe oder Farbkasten, großer Schuhkarton, kleiner Lappen

Handlung:

Kasper: begrüßt
Ich wollte schon immer mal was wissen: Wer von euch hat einen Freund?

-> *Kinder antworten*

Was macht ihr mit eurem Freund?

-> *Kinder antworten*

Das ist sehr interessant. Ich kenne Freunde, die teilen sich sogar das Essen. Die will ich euch heute mal vorstellen. Oh, ich glaube, da ist schon einer! *geht*

Maus 1: summt vor sich hin, sagt ihren Spruch auf:

Ich bin ein hübsches Mäuschen
und wohne in diesem Häuschen.
Es sieht zwar aus, als wäre es klein,
doch ich passe bequem hinein!

Soll ich euch mal etwas von früher erzählen? Da lief ich umher, hungerte und hatte keine Wohnung, doch dann fand ich den leeren Karton. Die Fenster habe ich mit meinen spitzen Zähnen hineingenagt. Ach, Kinder! Es ist schön, wenn man eine Wohnung hat! *geht ins Haus, holt einen Lappen* Mein Haus muss sauber sein! Es muss blitzen, dass es strahlt und glänzt! *wischt mit dem Lappen am Fenster* Aber die Arbeit macht müde und hungrig. Ich habe nichts mehr zu essen, darum schlafe ich erst einmal, dann werde ich schon was finden. *geht ins Haus*

Maus 2: kommt leise daher, schaut sich um, untersucht das Haus, schnuppert
Es riecht nach Maus, ich will es versuchen. *sagt ihren Spruch:*

Ich bin ein Mäuschen, lieb und nett,
hab kein Häuschen, hab kein Bett!

Drum bitte ich recht fein:
Lass mich in dein Häuschen rein!

wartet, nichts passiert
Hm, ich habe bestimmt wieder zu leise gesprochen. *wiederholt den Spruch*

Maus 1: *schaut heraus*

Maus 2: Guten Tag, können Sie mich bei sich aufnehmen? Es wäre schön, das Fellchen zu wärmen.

Maus 1: Hm, mein Häuschen ist klein, ich passe selbst grad hinein. Aber wenn wir ein bisschen zusammenrücken, dann müsste es gehen.

Maus 2: Das wäre entzückend!

Maus 1: Ja, das wäre entzückend! Dann komme ich doch zu einer Freundin. Was kann man mit einer Freundin alles machen?

-> Kinder antworten

Maus 2: Ich gehe auch auf Futtersuche und kümmere mich mit um den Haushalt.

Maus 1: Komm rein! Sei willkommen! Mach es dir gemütlich! Wir haben uns sicher viel zu erzählen!

-> beide gehen ins Haus, kommen heraus mit Pinsel und Farbe, wollen Mäuse auf das Haus malen, geben sich gegenseitig den Pinsel zum Üben

Maus 2: Wir sollten uns erst einmal ausruhen und uns dann etwas zu fressen suchen! *gehen wieder ins Haus*

Kasper: *schaut aus dem Puppentheater*
Jetzt sind es schon zwei, aber sie tun mir leid. Ich werde ihnen ein bisschen Kartoffelsalat hinstellen. Fressen Mäuse Kartoffelsalat? Oder ein Stück Hähnchenkeule?

-> Kinder antworten

Käse? Mal sehen, ob ich so etwas habe. Ob sie Kakao trinken? Oder Zitronenlimonade? *geht*

Maus 3: *kommt mit einer Scheibe Brot, bleibt stehen, beschaut sich das Haus, schnuppert*
Es riecht nach Maus, ich will mutig sein! *sagt ihren Spruch:*

Ich bin ein Mäuschen, dunkelgrau,
hab keinen eignen Mäusebau.
Ich kann singen, tanzen, lachen,
viele lustige Sachen machen.

wartet eine Weile

Maus 1: *guckt heraus*

Maus 3: Hast du noch Platz bei dir?

Maus 1: Oh, das tut mir leid, bei mir ist es ganz eng. Ich habe schon eine Maus aufgenommen. Wir sind schon zusammengerückt, das ist eng genug.

Maus 3: *ist traurig, weint*

Maus 1: Dann muss es eben gehen … Komm rein!

Maus 3: Hurra! Ich teile auch gern meine letzte Scheibe Brot mit euch.

Maus 1: Jetzt wird's eng – aber lustig! Jetzt sind wir zu dritt. *geht ins Haus*

Katze: *schleicht umher, schnuppert*
Es riecht nach Maus! Oh, ich lege mich auf die Lauer! Das wird ein Festessen. *versteckt sich*

Maus 2: *kommt heraus*
Ich suche uns jetzt etwas Gutes zu fressen. Bin bald zurück! *kommt nach kurzer Zeit wieder mit einem Stück Käse* Da werden sich die zwei sicher freuen! Den Käse habe ich in einer Abfalltonne gefunden. Er ist schwer, aber ich habe es gleich geschafft.

Katze: *lugt hervor, schnappt sich die Maus, schleppt sie in ihr Haus, der Käse bleibt liegen*

Maus 1 und Maus 3: *schauen aus dem Haus*
Wo bleibt sie so lange? *finden den Käse, schnuppern* Oh, sie war schon hier. Aber hier ist nur der Käse. Wo ist unsere Mäusefreundin?

-> *Kinder helfen*

Maus 1: Oh weh! Entsetzlich! Sie wird sie doch nicht schon gefressen haben! Ich habe eine Idee: Der Käse stinkt doch so furchtbar. Wir schieben ihn in die Katzenwohnung, bis sie es nicht mehr aushält und herauskommt.

-> tragen den Käse vor die Katzenwohnung, verstecken sich

Katze: *ruft aus ihrem Haus*
Pfui, dieser Gestank! Ich muss erst mal lüften und einen Spaziergang im Park machen! *geht*

Maus 1 und Maus 3: *kommen hervor*
Sie ist weg! Jetzt muss einer nachschauen gehen.

Maus 1: Du schaust nach! Ich halte Wache.

Maus 3: *geht ins Haus, kommt hervor und ruft:* Sie liegt noch drin! Ich hole sie raus! *schleppt die Maus heraus*

-> beide tragen sie in das Mäusehaus, holen den Käse und legen ihn vor ihre Tür

Katze: *kommt zurück, ist wütend*
Das darf doch wohl nicht wahr sein! Die Maus ist weg! Dich erwische ich noch mal! *geht ins Haus*

Maus 1: *guckt aus ihrem Haus*
Das ist gerade noch mal gut gegangen! Jetzt pflegen wir unsere Mäusefreundin gesund. Sie hat eine Bisswunde hinterm Ohr. Aber ihr wisst ja: Mäuse sind wachsam!

Kasper: Ich bin jetzt oft in diesem Häuschen und beschütze die drei Mäuschen. Na, Kinder? Hat euch die Mäusegeschichte gefallen? Dann kommt doch wieder mal zu mir. *verabschiedet sich*

Die Hexe, die keine mehr sein wollte

Puppen und Requisiten:

Kasper, Hexe, Schaf, Papagei, Giraffe, Herr Sternenmond, Frau Regenbogen, beliebige Behausung für die Hexe, 1 Kamm, 1 Seil/Strick, 1 Stück grüner Stoff (mindestens 30 x 30 Zentimeter), 1 Spiegel, verschiedene Instrumente (Schellenstab, Tamburin), Zauberstab, 1 Kiste bzw. Karton mit Deckel

Handlung:

Kasper: *kommt fröhlich an, pfeift das „Tri-tra-trallala"-Lied*
Tri-tra-trallala, die Hexe, die ist auch schon da! *er verdrückt sich, als er die Hexe bemerkt*

Hexe: *schaut in den Spiegel, dreht sich und stöhnt*
Hm ... Ach, nein – ich gefalle mir nicht! Bin ich im Wald, rufen alle Tiere: Hilfe, die Hexe! Bin ich in der Stadt, rufen die Menschen: Hilfe, die Hexe! Bin ich auf dem Spielplatz, rufen die Kinder: Hilfe, die Hexe! Dabei bin ich doch sooo freundlich und sooo lieb und sooo hilfsbereit! Oder? Ich werde mich noch mal kämmen, vielleicht sehe ich dann besser aus. *verschwindet in ihrer Behausung*

Schaf: *kommt auf die Wiese, schaut hinauf und freut sich über das Wetter, singt in der „Schafssprache" (Määäh, määäh), es rupft sich saftige Grashalme, es wird müde und legt sich hin*
Ich werde ein kleines Mittagsschläfchen machen.

Frau Regenbogen: *fliegt über die Wiese*

Schlafe, Schäfchen, schlafe ein!
Wirst vom Fressen müde sein.
Träume süß und sammle Kraft,
dass du deinen Heimweg schaffst.

fliegt davon

Hexe: *hat sich gekämmt, dreht sich wieder vor dem Spiegel*
Ich weiß nicht recht, ob ich hübscher aussehe oder nicht. Ich würde ja gern mal jemanden fragen. *schaut sich um* Aber hier ist niemand. Ich werde noch ein Stück spazieren gehen. *sieht das Schaf, schaut es sich von allen Seiten an* Ein Mantel aus Schafswolle! Da ruft bestimmt niemand gleich: Hilfe, die Hexe! Oh, schneeweiß und weich! Darin sehe ich sicher aus wie eine schicke Dame! Das Schaf muss mir gehören! Jetzt fehlt nur noch der passende

Zauberspruch, wie ich es in mein Häuschen bekomme. *ruft:* Frau Regenbogen! Hilf mir, das Schaf in mein Haus zu zaubern!

Frau Regenbogen: Was fällt dir ein, Hexe? Wozu willst du das arme Schaf einsperren?

Hexe: Mit einem weißen Mantel aus Schafsfell erkennt man nicht gleich, dass ich die Hexe bin …

Frau Regenbogen: Du tust nichts Gutes! Dabei werde ich dir nicht helfen. *fliegt weg*

Hexe: flucht und schimpft, geht in ihr Haus

Frau Regenbogen: kommt mit einem grünen Tuch geflogen, breitet es über das Schaf aus und versteckt es so, fliegt leise davon

Hexe: kommt und ruft: Ha, ich habe den … äh … Zauberspruch … Wo ist denn das Schaf? *schaut sich suchend um, kann es nicht finden und schimpft* Kinder, verratet ihr es mir?

-> *Kinder antworten*

Na, wartet! Ich komme wieder! *verschwindet im Haus*

Papagei: kommt auf die Wiese, trällert in der Papageiensprache, zupft Grashalme
Ach, wie ist das Wetter so wunderschön! Mmh! Und das Gras ist sooo köstlich! Ach, eine kleine Pause wird mir gut tun. *legt sich hin*

Frau Regenbogen: kommt geflogen, sagt Spruch:

Schlafe, Vöglein, schlafe ein!
Wirst vom Fressen müde sein.
Träume süß und sammle Kraft,
dass du deinen Heimweg schaffst.

fliegt davon

Hexe: ist aufgewühlt und erregt
Ich könnte mich ärgern, dass ich das Schaf nicht bekommen habe! Oh, wer liegt denn hier? Hm, welch schöne Federn! Davon bräuchte ich einen tollen großen Hut. Keiner würde dann gleich rufen: Hilfe, die Hexe! Der muss mir gehören! Frau Regenbogen, komm!

Fr. Regenbogen: Du hast gerufen?

Hexe: Mir fällt der Zauberspruch im Moment nicht ein, wie ich den Papagei in mein Häuschen bekomme. Hilf mir wenigstens jetzt!

Frau Regenbogen: Was willst du denn mit dem schönen Papagei?

Hexe: Er hat herrliche Federn! Die rupfe ich ihm aus und mache mir einen tollen großen Hut daraus. Damit erkennt mich niemand.

Frau Regenbogen: *schüttelt den Kopf*
Du tust nichts Gutes! Auch dabei werde ich dir nicht helfen. *fliegt weg*

Hexe: *ist wütend und schimpft laut*
Dann gucke ich eben selbst in mein Zauberbuch! *verschwindet*

Frau Regenbogen: *fliegt über das grüne Tuch. zieht es weg und legt es über das Schaf und den Papagei, fliegt weg*

Hexe: *eilt herbei, ist außer Puste*
So, jetzt weiß ich den richtigen Za…Zauberspruch! Wo ist der Papagei? *schaut sich um* Kinder, helft ihr mir suchen?

-> *Kinder antworten*

Na gut, dann eben nicht! Mir wird schon noch was einfallen, wie ich das Schaf und den Papagei bekomme. Zum Teufel mit euch! *verschwindet*

Giraffe: *schaut hoch, summt leise vor sich hin*
Mmh, dieses saftige Gras! Das schmeckt bestimmt. Ich habe heute so einen großen Hunger! *zupft Grashalme ab*

Frau Regenbogen: *kommt geflogen, erschrickt, als sie die Giraffe sieht, sagt leise:* Oh weh, ist die Giraffe groß! Und was für einen langen Hals sie hat! *fragt die Giraffe laut:* Wie soll ich dich denn gut verstecken, wenn du so groß bist?

Giraffe: *schaut sich um*
Ich muss mich wundern … Warum sollte ich mich verstecken? Ich hab niemandem etwas getan.

Frau Regenbogen: Ach, die Hexe kann jeden Moment wieder hierher kommen. Wenn sie dich sieht, wird sie auch dich haben wollen – wegen deines schönen Fells. Sie wird sich eine Jacke und einen Rock daraus nähen lassen, damit niemand gleich ruft: Hilfe, die Hexe kommt! Hier unter diesem Tuch habe ich schon das Schaf und den Papagei versteckt, aber du passt nicht mehr darunter.

Giraffe: *schaut sich ängstlich um, schaut unter das Tuch*
Du hast Recht, Frau Regenbogen. Gibt es wirklich kein Versteck für mich?

Frau Regenbogen: Na gut, versuch noch, mit unter das Tuch zu kriechen.

Giraffe: kriecht unter das Tuch, ein Stück der Giraffe schaut noch hervor

Frau Regenbogen: versteckt sich auch

Hexe: lacht und sagt mit dem Zauberstab: Das könnte dir so passen!

Hex, hex, hex!
Sechs Mal perplex!
Gehe jetzt von ganz allein
in mein Hexenhaus hinein!

Giraffe: geht langsam und leise ins Hexenhaus

Hexe: schaut hinterher und freut sich
So – und jetzt will ich das Schaf und den Papagei! *geht suchend über das Tuch und ruft die beiden, brummelt:* Ich muss bestimmt lauter machen … Oh, da habe ich etwas in meinem Haus! *flitzt ins Haus, holt den Schellenstab* Ich werde es mit der Klapper versuchen! *bimmelt herum und ruft die beiden* Vielleicht war das immer noch zu leise? Da liegt doch noch was bei mir im Haus! *schafft den Schellenstab weg, bringt das große Tamburin heraus, macht damit Lärm und ruft die beiden*

Frau Regenbogen: Gib dir keine Mühe, Hexe! Sie werden dich alle beide nicht hören! *fliegt davon*

Hexe: tobt, schimpft und schreit
Dann werde ich eben noch lauter rufen – bis sie mich hören! *versucht es noch lauter, saust ins Haus, schafft das Tamburin weg, bringt die Holzblocktrommel mit und macht Lärm* Wieso können die zwei mich nicht hören, wo ich doch so einen Lärm mache? Verratet ihr mir das Geheimnis, Kinder? Sagt es mir laut, ich höre so schlecht!

-> Kinder antworten

Herr Sternenmond: Wer wagt es, mich jetzt schon zu wecken – mit diesem Höllenkrach! Jetzt, wo es noch gar nicht meine Zeit ist, um zu erscheinen?

Hexe: Sei ruhig, du Traumwandler! Ich habe jetzt Wichtigeres zu tun, als mich um dich zu kümmern!

Herr Sternenmond: Was fällt dir ein, mich so zu beleidigen?
singt das Lied vom „Mondmann"

Ja, es ist spät, es schläft die Welt so still und zart, wie es mir gefällt. Ich bin der Mondmann und halte stets Wacht, ganz treulich Jahr für Jahr jede Nacht

Ihr Sternlein tanzt im nächtlichen Glanz
den himmlisch schönen Mondsternentanz.
Ich bin der Mondmann und halte stets Wacht
ganz treulich Jahr für Jahr jede Nacht.

Und seht ihr mich am Himmel nicht stehn,
so wollt ich gern zum Walzertanz gehn.
Ich bin der Mondmann und halte stets Wacht
ganz treulich Jahr für Jahr jede Nacht.

Hexe: Papperlapapp! Davon kriege ich das Schaf und den Papagei auch nicht zur Giraffe in den Käfig! Geh mir aus dem Weg! Ich habe es eilig!

Herr Sternenmond: *ruft laut*
Gut, du hast es nicht anders gewollt, garstiges Schwarzkittelchen! *fliegt weg*

Hexe: Endlich ist er weg! Endlich habe ich Ruhe vor ihm! Endlich kann ich in Ruhe das Schaf und den Papagei suchen!

Herr Sternenmond: *hält den Zauberstab der Hexe in der Hand und schwingt ihn*

Simsalabim und Simsaladu –
böse Hexe, gib endlich Ruh!
Verschwinde für immer, schweig endlich still,
weil niemand dich mehr sehen will!

Hexe: *bleibt zuerst starr stehen, sagt keinen Ton mehr, bricht zusammen und bleibt liegen*

Herr Sternenmond: *holt eine Kiste bzw. Karton, legt Hexe hinein und schließt den Deckel, zeigt das Seil bzw. Strick*
So, die Kiste wird noch richtig stark verschnürt, so dass sie nie wieder entkommen kann. *schiebt die Kiste weg*

Frau Regenbogen: *sagt Spruch auf*

Schäfchen, Papagei! Wacht auf!
Das Leben nimmt weiter seinen Lauf.
Habt süß geträumt und genügend Kraft,
damit ihr euren Heimweg schafft.

zieht das Tuch weg und fliegt davon

Papagei: Wie kommst du denn hier auf die Wiese?

Schaf: Und du?

Papagei: Ich habe frische Blättchen gezupft und wollte dann kurz ausruhen.

Schaf: Ich habe auch frische Blättchen gezupft und bin eingeschlafen.

Papagei: Ob es schon Abend ist?

Schaf: Ich weiß nicht. Ich habe mir die Uhr nicht ums Bein gebunden.

Papagei: Also, ich gehe jetzt zum Kasper und erzähle ihm alles.

Schaf: Das wollte ich auch gerade machen.

Papagei: Dann lass uns zusammen gehen. *Schaf und Papagei gehen*

Kasper: Hier war es aber vorhin laut! Wer war denn das? Ist sie noch in ihrem Haus? *schaut nach und findet die Giraffe, befreit sie und schickt sie nach Hause, findet eine Tasche bzw. Korb mit Schmuck und staunt*
Na, das muss ich erst mal den anderen zeigen! So ein habgieriges Schwarzkittelchen! Na dann, bis zum nächsten Mal! Tschüss, Kinder!

Fingerpuppen

zum Ausmalen, Ausschneiden und Spielen
Bastelbogen I

Diese Vorlagen können auch im Internet auf **www.telescope-verlag.de** zum selbst Ausdrucken kostenlos heruntergeladen werden.

Fingerpuppen

**zum Ausmalen, Ausschneiden und Spielen
Bastelbogen II**

König

Prinzessin

Teufel

Hexe

Katze

Maus

Diese Vorlagen können auch im Internet auf **www.telescope-verlag.de** zum selbst Ausdrucken kostenlos heruntergeladen werden.

Die Autorin

Angela Schöne wurde 1962 in Dresden geboren und hatte das große Glück, über ein Fachschulstudium ihren Traumberuf der Kindergärtnerin erlernen zu dürfen. Schon damals beschäftigte sie sich mit Kinderliteratur, später begann sie auch, Heimatgeschichten und Lyrik zu schreiben.
Seit einigen Jahren erfreut sie sich täglich an den zahlreichen Kindern, die sie als Musikschulpädagogin unterrichtet.
In ihrer Freizeit bietet sie Vorlesungen mit all ihren Büchern an und beglückt große und kleine Puppentheaterfreunde mit ihren Stücken.